2020年教育部高校思想政治工作精品项目
"以'最多跑一次'为契入，构建全过程网络育人平台"

2022年度浙江省高校思想政治工作研究文库项目
"新时代高校网络育人研究——以浙江省'三全育人'网络育人试点高校为例"

2020年度杭州电子科技大学党建与思想政治工作研究重点项目
"高校'精准思政大数据一体化平台'建设研究"

新时代高校网络育人研究

Research on
Network Education in Colleges and
Universities in the New Era

陈 巍 ◎著

ZHEJIANG UNIVERSITY PRESS
浙江大学出版社
·杭州·

图书在版编目（CIP）数据

新时代高校网络育人研究 / 陈巍著. —杭州：
浙江大学出版社，2022.6
ISBN 978-7-308-22633-2

Ⅰ.①新… Ⅱ.①陈… Ⅲ.①互联网络—应用—高等
学校—思想政治教育—研究—中国 Ⅳ.①G641－39

中国版本图书馆 CIP 数据核字（2022）第 083568 号

内容提要

本书分析了高校网络育人的时代背景，阐明了高校网络育人的应然与必然；梳理了新时代网络育人的主要研究成果，深刻探讨了高校网络育人的理论基础，从马克思主义理论、传播学理论、教育学理论等方面为高校网络育人研究寻求理论支撑；明确界定了网络育人、高校网络育人的内涵、外延，归纳了高校网络育人的时代性、实践性等特点；分析了高校网络育人的重要性、内涵、发展阶段与内容，阐明高校网络育人的目标，总结了高校网络育人的经验及启示；从网络育人的思想认识、网络育人队伍、网络育人制度角度剖析了新时代我国高校网络育人的困境，在探讨高校网络育人受到的挑战同时，分析了我国高校网络育人面临的机遇；针对新时代高校网络育人的困境、挑战与机遇，从营造高校网络育人文化、构筑高校网络育人平台、打造高校网络育人队伍、提升高校网络育人技术、完善网络育人制度、强化高校网络育人宣传等方面提出新时代高校网络育人的实践路径，具有较高的学术理论价值与实践应用价值。

新时代高校网络育人研究
XINSHIDAI GAOXIAO WANGLUO YUREN YANJIU
陈 巍 著

责任编辑	柯华杰
文字编辑	沈巧华
责任校对	汪荣丽
封面设计	春天书装
出版发行	浙江大学出版社
	（杭州市天目山路 148 号　邮政编码 310007）
	（网址：http://www.zjupress.com）
排　　版	杭州青翊图文设计有限公司
印　　刷	杭州钱江彩色印务有限公司
开　　本	710mm×1000mm　1/16
印　　张	12.75
字　　数	190 千
版 印 次	2022 年 6 月第 1 版　2022 年 6 月第 1 次印刷
书　　号	ISBN 978-7-308-22633-2
定　　价	59.00 元

浙江大学出版社市场运营中心联系方式：0571-88925591；http://zjdxcbs.tmall.com

前　言

我国已经进入中国特色社会主义建设的新时代。在新的历史时期，加强思想政治教育的话语传播、创新思想政治教育的内容与方法，是新时代赋予高校的光荣任务。高校思想政治工作要因事而化、因时而进、因势而新。在互联网主导信息传播的今天，网络已经成为思想政治教育的重要载体。对于高校而言，如何运用"云思政"的形式实现线上线下逐步衔接、实现网络育人的迭代更新和转型升级，如何打造网络育人阵地、探索适合新时代青年大学生的育人路径，是摆在我们面前的时代课题。

高校网络育人必须加强思想引领，构建长效机制。高校必须大力弘扬校园正能量，形成"点、线、面"同频共振、线上线下全覆盖的网络育人新矩阵，实现网络育人工作由"条块分割"到"协同育人"新局面的转化；要完善长效机制，形成网络育人科学格局，打造健康文明、蓬勃向上的网络育人空间；必须突出育人主体，注重顶层设计，坚持以习近平新时代中国特色社会主义思想为指导，以立德树人为根本任务，以"共建、共享、共融"为建设思路，构建特色鲜明、功能互补、多方联动的网络育人体系，让青年学生成为网络文化建设的主人，让网络成为传播社会主义核心价值观的高地。

高校网络育人必须统筹教育资源，把控网络舆情。高校必须积极打造有特色、有吸引力、具备辐射效应的网络平台，坚持风险防范与应急预控相结合，把握好舆论宣传引导的时、度、效，提升网上舆情研判力、处置力,提高网络资源的整合利用率,使互联网这个育人工作最大变量变成最大增量;必须整合网络文化资源,完善主题性教育网站、互动性的学生社区、"两微一端"(微博、微信及新闻客户端)等校园网络平台,推动网站、微信、微博、电视台、广播台及校报等平台优势互补;必须加强网站建设和督查,打造服务师生学习生活的优质平台;必须推进智慧校园建设,提高信息和数据共享度,实现教务、学工、财务、人事等与师生事务相关的核心网络共融、共通、共享,为师生提供更便捷的信息服务。

高校网络育人必须聚焦青年学生,创新网络育人格局。从一定意义上说,谁赢得了互联网,谁就赢得了青年。在网络信息化背景下,青年大学生对网络的黏性不断增加,他们的学习和生活都已与互联网深度融合,互联网打破了知识传播的时空局限,成为当代青年思想文化交流与传播的主要场所,渗透并影响着青年学生的观念和行为。高校思想政治教育要真正实现入脑入心,首先要"入眼",以鲜活的网络育人载体与表现形式,聚焦青年、吸引青年,形成注意力叠加;面对思政工作的新对象、新形势、新任务,高校要回应时代挑战,充分认识青年群体网络育人的重要性和现实性,拓宽思想政治教育渠道,实现线上线下互通互享,构建多层次、立体化的网络育人格局。

高校网络育人必须打造平台阵地,构建网络育人话语体系。随着网络平台的用户量增加、活跃度提高,高校必须走出智育化课程路径依赖,推动传统育人平台与网络平台融合,打造涵育青年的网络育人话语体系。高校构建网络育人话语体系,要把握网络育人的人文属性和教育张力,发掘青年需求,从而对接青年需求,创造出可亲可信、可知可感的思想空间和精神家园;要合理布局校园新媒体矩阵,加快融媒体系统建设,整合协同网络育人元素和校园育人资源,通过分众化采编和深度内容文创,多屏分发,组合传播,开拓新时代语境下思想政治教育的新阵地;要运用好"网言网语",注意从"权威范式"向"对话范式"转换,注重政治语言、生活语言、网络语言的综合运用,要尊重青年学生的主体意识和表达意愿,与之互动引导、促成共识,完成网络育人话语体系的建构。

高校网络育人必须坚持内容创新,优化网络思想政治教育供给。互联网对人的广泛连接、对现实世界的强劲渗透,使得它由虚拟的工具性、社交性延展出多元的文化性。高校网络思想政治教育要适应互联网生态,优化网络思想政治教育供给,要注意结合现实世界,既能感性上吸引人,又能理性上说服人,通过文化共鸣、价值认同、情感联结的多维交互,显性教育和隐性教育的协调统一,增强思想政治教育的实效性与传播力;要在教育内容中融入家国情怀,增强国情国史的故事性、社会热点的说理性,使内容潜移默化进入学生的认知结构中,使学生产生价值认同,把先进人物和典型事迹作为案例互动交流,用好材料、讲好故事,增强学生的情感体验,解决青年学生思想困惑;要结合网络碎片化时代青年学生的群体行为偏好,同时兼顾不同个体差异化需求,积极采用图、文、影、音相结合的模式,要提供篇幅较短、内容凝练、图文结合的育人作品;要遵循"内容为王"的网络规律,紧密结合时代热点,研发青年学生喜闻乐见的网络文化精品,不断凝练产品特色,力求把网络育人工作"做到家",让网络育人工作"入心田"。

青年大学生是与新时代共同成长前进的一代,肩负时代赋予的使命与责任。青少年阶段是人生的"拔节孕穗期",最需要精心引导和栽培。网络育人通过教育载体的有效延伸,不断强化思想政治教育话语的传播力,提升思想政治教育的亲和力和针对性,是时代发展所需,是落实立德树人根本任务的重要举措,是把互联网这个最大变量变成教育事业发展最大增量的关键一环。高校必须与时代同步、与学生同行,积极探索与构建有时代热度、人文温度、思想深度的网络育人新格局。基于此,《新时代高校网络育人研究》紧紧围绕"为谁培养人""培养什么样的人""怎么样培养人"进行了理论研究。

《新时代高校网络育人研究》也是 2020 年教育部高校思想政治工作精品项目"以'最多跑一次'为契入,构建全过程网络育人平台"、2022 年度浙江省高校思想政治工作研究文库项目"新时代高校网络育人研究——以浙江省'三全育人'网络育人试点高校为例"、2020 年度杭州电子科技大学党建与思想政治工作研究重点项目"高校'精准思政大数据一体化平台'建设研究"阶段性成果。作为浙江省网络育人试点高校之一,杭州电子科技大学(简称杭电)充分利用电子信息特色突出、多学科交叉融合的优势,逐步实现了教学、管理、服务等与现代信息技术之间的深度融合。在学生思想政治工作方面,该校以建立学生管理服务一体化网络平台为起点,不断在实施路径与数字化网络平台功能实现的交互点上下功夫,并进一步构建起集数据采集、数据处理、数据分析与应用服务于一体的"四精型"(精准教育、精细管理、精准服务、精准评价)网络育人模式和多跨协同集成创新的系统育人场景;利用数据赋能,实现从精准思政到智慧思政的转型升级,在深化"最多跑一次"改革做到学生事务一网办理,以"小程序"形成学风建设的大合力、搭建精准思政大数据一体化平台、构建学生"杭电成长指数"等方面进行了较有成效的探索。

全书共分五章,各章主要内容如下:

第一章,绪论。阐述高校网络育人研究的背景和意义,简要介绍国内外学者关于高校网络育人的研究成果,重点说明本研究的思路、框架、新意、基本方法。

第二章,新时代高校网络育人的理论基础。阐述了网络育人的概念,通过对网络育人概念的系统梳理,准确界定高校网络育人这一核心概念;分析了高校网络育人的主要特点;从马克思主义哲学、教育学理论、传播学理论等方面为高校网络育人的研究寻求理论支撑、理论来源。

第三章,新时代网络育人的意义、目标和经验。主要研究内容包括新时代高校网络育人的意义、新时代高校网络育人的目标、新时代高校网络育人的主要经验。

第四章,新时代高校网络育人的困境、挑战与机遇。主要困境包括高校对网络育人的思想认识不够、网络育人的队伍有待加强、网络育人的制度有待进一步完善等方面。面临的挑战主要来自全球化的影响、新的教育对象、网络技术的发展等因素。机遇主要来自全球化浪潮的正面效应、中国高等教育顶层设计、互联网技术日新月异、教育信息传播方式多样化等因素。

　　第五章,新时代高校网络育人的实践路径。研究高校网络育人的指归是找出加强高校网络育人建设的方法和途径,进而牢牢掌握高校网络育人。本章从营造高校网络育人文化、提升高校网络育人技术、构筑高校网络育人平台、打造高校网络育人队伍、完善高校网络育人制度、强化高校网络育人宣传等方面探讨了高校网络育人的路径。

目　录

第一章 绪 论

第一节 研究背景与研究意义

一、研究背景

(一)国际背景

1.互联网的兴起引发了广泛的社会变革

21世纪以来,由于网络技术的不断发展,互联网逐渐成为信息传播的主要载体,对人们的生产与生活产生了重要影响。随着中国特色社会主义现代化建设事业的进一步发展,在经济全球化、市场经济、网络信息的推动下,我国网络用户迅速增长。中国互联网络信息中心于2021年2月公布的《中国互联网络发展状况统计报告》显示,截至2020年12月,我国网民规模达9.89亿,较2020年3月增长8540万,互联网普及率达70.4%。随着网络技术的不断发展与普及,网络的便捷性、高速传输、海量信息优势极大地改变了人们的日常生活,引起人类社会的信息传播、交换和流通的变革,深刻地影响了人们的思维方式、交流方式和生活方式。正如 20 世纪 80 年代美国未来学大师阿尔文·托夫勒指出的那样,"一枚信息炸弹正在我们中间爆炸……也在改变着我们自己的心理"①。美国心理学家和企业行为研究专家杰弗里·斯蒂伯也曾追问:"是我们改变了互联网,还是互联网改变了我们?"这些都向人们昭示了互联网已成为一个时代产物。美国曼纽尔·卡斯特认为,信息技术使传统的社会概念受到了挑战,"社会的个体之间、个体与组织之间、组织之间,通过网络沟通而更加频繁地互动起来,从而形成已初具雏形的网络社会"②。

2.新型教育载体破土萌芽

互联网的出现对我国的政治、经济、文化以及社会生活产生了深刻影响。尤其是进入新时代以来,互联网似乎无处不在,无处不有,网络信息化已经成为改变人们生活方式、生产方式的常态。网络信息化的社会形势也深刻地影响着人们的生存和发展状况,它不但对人们的价值观念产生了一定的影响③,而且在一定程度上改变了我们的教育方式、生产方式。作为一种新型的信息传播形式,网络正在以一种全新的信息传播方式加速思想文化知识的传播,成为对大学生群体进行有效思想教育的新载体。从教育的角度来看,网络教育彻底改变了传统教育主要依赖师生之间的面对面交流、以班集体为依托的校园文化氛围和以课堂为教育体系的格局。在网络背景下,我国高等教育的教育方式、方法都发生了根本性的变化。④

3.高校网络育人亟待突破

对高校大学生而言,网络之所以成为他们学习和日常生活的重要部

---

① 阿尔文·托夫勒.第三次浪潮[M].朱志焱,等译.北京:生活·读书·新知三联书店,1983:215.
② 杨柳.网络群体性事件的互动模式分析[J].新西部,2010(12):73-74.
③ 孙六平,鲁宽民.青少年网络道德失范观察[J].人民论坛,2014(3):159-161.
④ 喻长志.大数据时代教育的可能转向[J].江淮论坛,2013(4):188-192.

分,是因为网络拓展了教育工作的空间和渠道,提供了丰富的教育资源,不同年龄、不同地域、不同学习层次的学生都可以通过网络进行自主学习和互动交流。此外,网络信息技术在教育活动中的应用和发展,必将对主体的价值观念、价值判断、价值选择、价值评价、价值实现等方面产生一定的影响。因此,在网络信息技术不断深入发展的当今社会,思想教育的主体、内容和形式发生了重大变化,在一定程度上也引发了思想困惑和冲突。高校作为立德树人的主体,在网络信息化的形势下,如何对网民尤其是青年大学生进行正确的引导,如何因势利导地培养社会主义的建设者和接班人,这是当代高校育人的重要课题。因此,如何抓住网络时代的机遇,趋利避害,实现网络育人价值的最大化,是当前学术界亟待解决的一个重要理论课题,也是加强国家文化软实力建设面临的全新实践课题。

(二)国内背景

1.立德树人为网络育人指明了方向

党的十八大以来,以习近平同志为核心的党中央高度重视学校思想政治工作。围绕培养什么人、怎样培养人、为谁培养人这个根本问题,习近平总书记先后发表了一系列重要讲话、作出了一系列重要指示批示。① 2016 年 12 月,习近平总书记在全国大学生思想工作座谈会上提出:"要坚持把立德树人作为中心环节,把思想政治工作贯穿教育教学全过程,实现全程育人、全方位育人。"② 2017 年 5 月,习近平总书记在中国政法大学考察时强调:"法学教育要坚持立德树人,不仅要提高学生的法学知识水

① 为党育人 为国育才——以习近平同志为核心的党中央关心学校思想政治工作纪实[EB/OL].(2021-12-02)[2021-12-10].https://www.ccps.gov.cn/xtt/202112/t20211202_151951.shtml.
② 把思想政治工作贯穿教育教学全过程 开创我国高等教育事业发展新局面[N].人民日报,2016-12-9(1).

平,而且要培养学生的思想道德素养。"①2018年5月,习近平总书记在北京大学师生座谈会上的讲话中指出:"要坚持不懈培育和弘扬社会主义核心价值观,引导广大师生做社会主义核心价值观的坚定信仰者、积极传播者、模范践行者。"②习近平总书记这些重要论述为高校开展网络育人工作提供了行动指南。

2.多项政策布局网络育人,打造育人线上新格局

随着网络对人们生活影响的进一步加深,网络逐步成为青年大学生学习生活的一部分。同时,网络也是一把"双刃剑"。因此,如何趋利避害、积极发挥网络的积极作用,是高校思想政治教育工作需要解决的重要课题。党中央高度重视互联网教育的发展,重视互联网时代大学生的思想教育问题。《关于加强和改进新形势下高校思想政治工作的意见》是党中央、国务院发布的重要指示,其提出,"加强和改进高校思想政治工作,事关办什么样的大学、怎样办大学的根本问题,事关党对高校的领导,事关中国特色社会主义事业后继有人,是一项重大的政治任务和战略工程"。教育部于2017年12月6日印发的《高校思想政治工作质量提升工程实施纲要》指出,要切实构建高校的"十大"育人体系,明确提出要"大力推进网络教育,加强校园网络文化建设与管理,拓展网络平台,丰富网络内容,建强网络队伍,净化网络空间,优化成果评价,推动思想政治工作传统优势同信息技术高度融合,引导师生强化网络意识,树立网络思维,提升网络文明素养,创作网络文化产品,传播主旋律、弘扬正能量,守护好网络精神家园"。

3.以人民为中心的网络育人,肩负起网络育人时代使命

当代大学生是承担国家命运、赋予社会新鲜血液的最直接的群体,

---

① 习近平在中国政法大学考察时强调 立德树人德法兼修抓好法治人才培养 励志勤学刻苦磨炼促进青年成长进步[N].人民日报,2017-5-4(1).

② 习近平在全国高校思想政治工作会议上强调 把思想政治工作贯穿教育教学全过程 开创我国高等教育事业发展新局面[EB/OL].(2016-12-08)[2021-12-10].https://news.12371.cn/2016/12/08/ARTI1481194922295483.shtml.

大学阶段正是个体价值观逐步完善和定型的决定性阶段。在这个阶段,他们的价值观是否正确在一定程度上决定着一个国家未来。因此,在广袤无垠的网络化境遇中,以网络教育主体的价值活动为研究中心,以人的全面发展需要为出发点,以哲学、教育学、社会学等学科为理论依据,研究网络育人的本质、评价和实现,探讨网络育人对社会进步和人类发展的效用和意义,并以此指导网络教育价值实现的具体活动,培育当代大学生树立正确的价值观,不仅是高校乃至整个社会义不容辞的责任和使命,更是秉承文化传承创新、顺应时代发展的必然选择。因此,在国际国内的背景和形势下,加强网络育人研究极为重要。应科学分析网络时代的传播特点以及网络传播对大学生思想政治教育的影响,在此基础上提出相应对策,对于增强大学生思想政治教育的针对性和实效性,帮助大学生形成科学的世界观、人生观、价值观,具有积极意义①。

二、研究意义

开展高校网络育人研究,具有重要的理论意义和现实意义。

(一)理论意义

1.研究高校网络育人,有助于拓展教育学理论

开展高校网络育人的研究,有利于拓宽高校教育学理论。"传播首先是文化事实和政治事实,其次才是技术事实。"②通过对我国现代教育学与现代信息技术等进行跨学科交叉研究,从技术角度全面系统地考察现

---

① 党波涛,蒋永红.提高网络时代大学生思想政治教育水平[N].人民日报,2012-10-22(23).
② 埃里克·麦格雷.传播理论史——一种社会学的视角[M].刘芳,译.北京:中国传媒大学出版社,2009:14.

代教育技术现象,明确提出"网络育人"等基本概念,并将其纳入教育基础理论体系,并进一步揭示现代网络育人的客观实在性与内在规定性,重新认识和把握现代高校教育原理及方法、载体、手段、结构、过程等基本概念,将教育具体方法提升到网络层次,不但可以增加教育的技术含量,而且可以为思想政治教育实效性研究提供新视角,为教育学科发展开拓新的研究领域。

2.研究高校网络育人,有助于创新高校育人模式

开展高校网络育人的研究有利于拓展思想政治教育理论。探讨现代思想政治教育技术论,能够促进信息技术与教育学科之间的深度融合,为培养并提高教育者的技术素养与信息素养,提升我国教育信息化的整体水平等提供理论依据。2012年9月,刘延东同志强调,要创新教育模式和学习方式,推进信息技术与教育教学的全面深度融合,为实现教育现代化提供坚实支撑。① 当前,教育学科同样也面临着与信息技术全面深度融合的问题。因此,抓紧构建现代思想政治教育技术论,尽快形成网络信息技术与思想政治教育融合发展,对于提高思想政治教育深层次整合的质量和效益,具有十分重要的意义。

3.研究高校网络育人,有助于丰富高等教育理论

研究高校网络育人,通过分析高校网络育人的困境并提出解决方案,有利于丰富高等教育理论。通过吸收借鉴现代网络技术及信息技术学理论研究与应用成果,深入探讨现代网络教育的基本原理与规律、主要特点、类型、基本功能与作用、适用原则及其使用技法,科学构建网络教育技术的理论模型,初步形成网络育人的基本理论框架,有利于丰富和完善现代教育理论体系,为促进教育科学化和现代化、提高现代教育实效性提供理论依据。

---

① 杨明方.加快教育信息化建设步伐 推动教育事业跨越式发展[N].人民日报,2012-9-6(2).

(二)现实意义

在网络信息时代,开展高校网络育人研究是时代发展的必然要求,也是不断提高高校思想政治教育工作效能的需要,其丰富的实践意义通过国家、高校、教师、学生四个向度得以体现。

1. 网络育人是时代教育发展的必然要求

在网络信息时代,"数字化会改变大众传播的媒介的本质,'推'送比特给人们的过程将一变而为允许大家(或他们的电脑)'拉'出想要比特的过程"[①]。与现实教育相比,网络育人最大的不同是其教育是在虚拟空间中进行的。在这个过程中,高校育人主体即大学生成为受其影响最深的群体,进行高校网络育人也是创新高校育人方式的需要。

首先,网络育人是时代发展的需要。由于网络的开放性、信息传播的去中心化等因素,网络空间包含丰富的信息,网络空间的学习资源为我们学习研究提供了便利,一些网络热词也丰富了高校思想政治教育的内容,但是,其中也包含一些错误的信息,不利于青年大学生的健康成长与正确价值观的养成。在多元社会思潮中坚持社会主义核心价值观是网络育人工作的重要前提。应准确把握广大人民群众关心的热点话题,积极践行社会主义核心价值观,通过技术手段和思想建设占领道义的制高点,旗帜鲜明地进行思想交锋,敢于亮剑,"达到弘扬主流、澄清模糊、戳穿谣言的社会思潮引领效果"[②]。

其次,网络育人是创新高等教育模式的需要。传统的思想政治教育方法仅限于实际的教学领域,教育工作者对受教育者进行了理论上的灌输,但很难达到预期的教学效果。对于青年大学生而言,传统的教育方式

---

① 尼古拉·尼葛洛庞帝.数字化生存[M].胡泳,范海燕,译.海口:海南出版社,1997:103.

② 左鹏.用核心价值观引领高校社会思潮关键环节[J].中国高等教育,2015(5):25-26.

已经形成了以现行的法则为基础的教学方式。在这种教育形式下,一些受教育者往往不能够积极地与教育者进行交流、互动。但是,网络虚拟空间冲破这一限制,呈现出行动目标具体化、意见表达表象化和模仿从众等感性特点①,网络的交互性特点与高校学生的年龄特征、发展需要契合,在一定程度上满足了大学生的成长需求。

2.网络育人是提升高校思想政治教育有效性的必然要求

开展高校网络育人研究,有利于提升思想政治教育工作的效果。在传播学中,信息的接受过程是受众对传播内容感知、注意、理解、记忆、实践的过程。在这个过程当中,受众并不是被动接收信息的"靶子",他们具有一定的选择性,是主动与被动统一的过程。在信息传播的过程中,人们在接收信息的同时,构建主体和主体之间的关系。因此,高校网络教育的成效,主要在于学生是否能够正确地接受以及在接受之后能否构建自己的知识结构。

首先,网络育人有利于增强教育主体性教学手段的使用效果。教育全方位的有效性取决于教师的教学进程、教育对象、教育方法中各个因素的相互作用。传道授业解惑是教育工作者的根本工作,高校教师拥有丰富的知识和经历,而传道是他们的职责。在网络环境下,教师要不断地传授知识,不断地在虚拟的空间领域中发挥教学的作用。教师要在教学中起领导的作用,在整个教学中,教师要通过对教学活动的策划和安排,使学生主动地融入课堂的学习之中。大学校园的网上教育同样是一个大的平台,教师应采用灵活的教育方式和拓展方法,这对培养大学生正确的网络伦理观和科学的网络思考能力有很大的作用。关心学生,热爱学生,是教师必须具备的专业素质。在个人不同的人生发展时期,教师所起的作用也不尽相同。网络的开放性在某种意义上削弱了教育者的权威,模糊

---

① 刘少杰.网络社会的感性化趋势[J].天津社会科学,2016(3):64-71.

了教育者与学生之间的界限,在信息成为"行为权力与资源权力"①的网络空间里,教师可以通过与学生进行轻松、愉悦的沟通和互动来实现教学目标。

其次,网络育人有利于提高学生内化效果。高校网络育人不仅涉及教师对学生的作用,而且涉及学生在同学中受到的影响。加强大学生的思想政治工作,就要掌握"内化"和"外化"的规律。思想政治教育的教育过程还必须考虑接受的特殊性。接受的特殊性主要表现在接受主体、接受客体与接受方式具有特殊性,接受的进程具有可扩展性,接受模式多元化。

3.网络育人有利于满足人才发展的需求

立德树人是教育工作的基础,是学校各项教育工作的起点与归宿。马克思主义认为,"一个种的整体特性、种的类特性就在于生命活动的性质"。② 在互联网快速发展的今天,人类发展的开放性特点更为突出,人类在互联网上可以把时光向后延展,可以打破物质的局限。把网络教育对象从"现实的人"向"虚拟的人"扩展,其根本目的是要充分利用人的潜能,从而实现人的全面发展。

首先,网络育人有利于促进大学生的全面发展。促进大学生的自由、全面发展是高校网络育人的现实目标。人类的需要具有层次性、差异性等特征。恩格斯将人的需要分为发展需要、生存需要、享受需要三个方面,马斯洛将人的需要分为生理需要、安全需要、归属与爱的需要、尊重需要与自我实现需要五个方面。个人因其个人状况、外在环境、其他要素的不同,在需要方面会有差异,表现出多元化。在互联网时代,大学生的需求呈现出越来越明显的特殊性。不断地适应学生多层次、多变化、多维度

---

① 罗伯特·基欧汉,约瑟夫·奈.权力与相互依赖[M].门洪华,译.北京:北京大学出版社,2012:243.

② 马克思,恩格斯.马克思恩格斯选集(第1卷)[M].中共中央马克思恩格斯列宁斯大林著作编译局,译.北京:人民出版社,2012:56.

的需求,是当前大学教育的一个主要目的。

其次,网络育人有利于促进教学活动的实践性。"人们还按照自己的生产力而生产出他们在其中生产呢子和麻布的社会关系。"① 人的综合发展指的是人在参与各项活动中的综合发展。马克思与恩格斯认为:人的任务是充分发展自身的所有才能。人类的综合能力是指体力和智力、个体能力和集体能力、社会能力等综合能力。在大学的教学实践中,充分发挥大学生的潜力,对其进行全方位的综合训练,是大学教育的一个重要目的。

最后,网络育人有利于促进大学生个性的自由发展。恩格斯指出,外部世界对人的影响表现在人的头脑中,反映在人的头脑中,成为感觉、思想、动机、意志,总之,成为"理想的意图",并且以这种形态变成"理想的力量"。② 所有促使人们进行各种行为的最终目的都是实现对人的终极关注,也就是实现人的整体发展的最高理念。"在地域上,超越了民族、种族和地域的差别;从时代发展上来看,是对社会制度变迁的一种超越,是过去社会发展的必然产物"。③ 人的自由发展是支撑人类生存和发展的精神力量,高校应为青年大学生的全面自由发展服务。

4.网络育人有利于实现四个主体协同发展

网络育人作为新形势下一种全新的育人形式,对高等教育的推动意义主要表现在以下几个方面。

首先,在国家层面,高校网络育人是贯彻新时代中国特色高等教育发展方针的新路径。在网络信息时代,面对知识储备更加丰富、价值选择更加多元的新时代大学生,高校思想政治教育工作必须在传递思想理论的

---

① 马克思,恩格斯.马克思恩格斯选集(第1卷)[M].中共中央马克思恩格斯列宁斯大林著作编译局,译.北京:人民出版社,2012:415.

② 马克思,恩格斯.马克思恩格斯选集(第1卷)[M].中共中央马克思恩格斯列宁斯大林著作编译局,译.北京:人民出版社,2012:238.

③ 韩庆祥,充安毅.马克思开辟的道路:人的全面发展研究[M].北京:人民出版社,2005:13.

同时增强教育磁性,提升教育效果。网络育人具有信息传播手段灵活、传播范围更广、更适合学生心理等特点,能够更好地顺应新时代思想政治教育规律,成为课堂思政育人主渠道的有力补充,也有利于深入落实高校立德树人根本任务。

其次,在高校层面,高校网络育人有助于丰富高校育人方式,实现高校内涵式发展。网络育人是高等教育实现内涵式发展、培养社会主义建设者和接班人的新路径和新范式。党的十九大报告明确提出:"加快一流大学和一流学科建设,实现高等教育内涵式发展。"高等教育只有实现内涵式发展,才能为实现"两个一百年"奋斗目标和中华民族伟大复兴的中国梦不断培养大批德才兼备的优秀人才。因此,如何发挥教育的立德树人功能,已成为当前高校发展所面临的急需解决的重要问题。而网络育人为实现新时代高等教育内涵式发展提供了思路。网络育人以习近平新时代中国特色社会主义思想为指导,把立德树人作为教育的根本任务,坚持网络为现代化教育服务,对全面提高教育质量、深化教育改革、培育社会主义核心价值观都具有积极的意义。

再次,在教师层面,网络育人具有鲜明的意识形态教育特征,以培养符合社会发展需要的人为目的,这是与传统育人的共性所在。但是相较于传统育人模式而言,网络育人目的则更具有隐蔽性和渗透性,其是通过教育内容网络化、数字化的传播形式来实现的。但是,网络育人不同于现实教育活动,是一种虚拟的实践活动。在这个过程中,教育主体是虚拟的,无论是网络育人者还是网络育人对象,他们都通过网络技术实现自身在教育实践活动中呈现为虚拟的、数字化的、符号化的"网络人"的目的。育人内容的呈现方式、教育载体的运用都依托网络技术,呈现为网络空间中的数字化、虚拟化。

最后,网络育人助力学生成长成才。2014 年 5 月,习近平总书记在北京大学师生座谈会上的讲话中强调:"核心价值观的养成绝非一日之功,要坚持由易到难、由近及远,努力把核心价值观的要求变成日常的行为准则,进而形成自觉奉行的信念理念。"①从学生层面来讲,网络已经成为高校大学生学习生活的重要组成部分,由于网络的互动性、主体性等特点,网络有利于激发大学生学习的积极性、主动性、创造性。因此,积极开展高校网络育人的理论研究与实践探索,有利于引导青年大学生形成正确的世界观、人生观、价值观,能助力大学生成长成才。

第二节　国内外研究现状

在中国知网上,以"网络育人"为"篇名"进行文献检索,搜索到的相关文献涉及高等教育、教育理论与教育管理、军事、新闻与传媒、互联网技术、思想政治教育、图书情报与数字图书馆、贸易经济、文化等学科门类,以"篇名"为检索项,以"高校网络育人"为检索词,搜索相关文献,梳理相关文献内容。

一、国内研究现状

(一)关于网络育人概念的研究

概念和内涵是研究的前提与基础。要更好地理解网络育人,就必须从基本内涵出发。我国一些学者对网络育人的概念进行了研究。刘梅认为,网络思政教育是利用计算机进行的思想政治教育,运用了传播学和思想宣传的理论。② 曾令辉认为,网络育人就是以网络为主要媒介与载体,有计划、有目的、有组织地实施思想政治教育、德育活动。"这些活动既要

---

① 习近平在北大考察:青年要自觉践行社会主义核心价值观[EB/OL].(2014-05-05)[2021-12-18].https://news.12371.cn/2014/05/05/ARTI1399219640671246.shtml.

② 刘梅.思想政治教育的现代方式[J].河南师范大学学报,2000(2):43-45.

符合人的身心发展规律,同时也必须符合一定的社会、一定的阶级对于思想政治教育工作的要求。"①也有学者认为根据青年大学生的身心特点与时代发展的趋势,利用网络平台开展一系列的虚拟实践活动,是时代发展的必然趋势。②

(二)关于网络育人方法的研究

网络育人的方法也是学者研究的重要内容之一,学者对此都提出了自己的见解。郑永廷认为,可以将网络育人实施方法分为基本方法、一般方法、特殊方法和综合教育法。③ 有的学者提出了网络时代开展思想政治教育工作遵循的基本原则,归纳了网络育人的主要内容、方法、措施。刘新庚认为,思想政治教育在网络空间的开展主要包括:平等交互式、多维立体式、虚拟情境式、现代开放式等四种基本方式。④ 宋元林、唐佳海认为,网络思想政治教育方法的基本类型有信息库法、信息隐匿法、主体交互法、虚拟现实法、网上教育与网下教育相结合法。⑤ 刘显忠、代金平认为,网络育人的主要方法包括网络虚拟群体的教育、网络舆情的监控、网络手段与传统方式结合、网络心理咨询与教育等。⑥ 李依提到了三种创新方法:情理渗透法、自我教育法、网络教育法。⑦ 杨珍妮等人提出了显隐结合法、虚实共生法、情理交融法、虚拟服务实践法、网络舆论监控法、网络德育普及法等网络育人方法。⑧ 卞云洲、杨海军认为网络思想政

① 曾令辉.网络思想政治教育概论[M].南宁:广西民族出版社,2002:10.

② 李高海.大学生网络思想政治教育研究[M].北京:中国言实出版社,2008:101.

③ 郑永廷.思想政治教育方法论[M].北京:高等教育出版社,1999:88.

④ 刘新庚.现代思想政治教育方法论[M].北京:人民出版社,2006:86.

⑤ 宋元林,唐佳海.论网络思想政治教育方法的特征、类型及其优化[J].重庆大学学报(社会科学版),2010(3):151-154.

⑥ 刘显忠,代金平.论高校网络思想政治教育方法的创新[J].探索,2009(1):122-125.

⑦ 李依.网络时代高校思想政治教育的创新研究[D].昆明:云南大学,2015.

⑧ 杨珍妮.网络思想政治教育实施方法发展探究[D].武汉:华中师范大学,2012;徐志远.现代思想政治教育学范畴研究[M].北京:人民出版社,2009:56.

治教育应遵循传统方法与网络手段相结合、主动灌输与互动交流相结合、网上教育与线下教育相结合、重视关怀与消除冷漠相结合多个方面的原则。① 与上述网络育人方法不同的是,徐建军认为,网络育人的方法主要有主体交互法、虚拟现实法等。② 刘新庚也认为,网络育人可以采用现代开放式等方式、方法,而胡凯则提出了渗透法、对话交流法等网络育人方法。③

(三)关于网络育人功能的研究

同传统教育方式相比,网络育人具有怎样的功能与作用?学者纷纷发表自己的看法。谭变娥界定了"德育功能",即道德教育职能,是教育者在培育受教育者的道德行为时所起的实际和后继的作用。④ 陈万柏等认为,高校思想政治教育作用是指高校在其教育目标和全社会中产生的积极和独特的作用。⑤ 仓道来认为思想政治教育职能在社会中起到的一种积极的作用。⑥ 韦吉锋等认为,网络思想政治教育功能其实就是网络思想政治教育本质的一种外在集中显露,网络思想政治教育功能有一般功能和特殊功能,网络思想政治教育功能的一般功能包括导向功能、保证功能、育人功能和开发功能,网络思想政治教育的特殊功能包括沟通互动功能、覆盖渗透功能、预测预防功能和营造氛围功能。⑦ 这是目前对网络思想政治教育功能这一概念较为科学的解释。宋元林也对网络思想政治教

---

① 卞云洲,杨海军.试论网络思想政治教育的原则[J].前沿,2007(7):111-114.

② 徐建军.大学生网络思想政治教育理论与方法[M].北京:人民出版社,2010:112.

③ 刘新庚.现代思想政治教育方法论[M].北京:人民出版社,2006:126.

④ 谭变娥.试论德育的经济功能[J].前进,2001(5):98.

⑤ 陈万柏,万美容,李东升.思想政治教育学原理新编[M].武汉:华中师范大学出版社,2000:113.

⑥ 仓道来.思想政治教育学[M].北京:北京大学出版社,2004:49-50.

⑦ 韦吉锋,韦继光,徐细希,张辉.浅谈思想政治教育功能[J].广西大学学报(哲学社会科学版),2005(3):90-94.

育功能给出了相对明确的定义,他认为,思想政治教育功能也是由其自身的结构决定的,思想政治教育的内容和载体有机结合就能显现出思想政治教育的功能,网络思想政治教育功能是思想政治教育借助网络所呈现出来的特性和能力。①

(四)关于网络育人规律的研究

在研究网络育人的过程中,网络育人的规律是学者研究的焦点之一。有的研究人员从合规律性与合目的性的观点出发,认为思想政治教育应符合思想政治教育主体的变化规律、发展与优化的规律。② 有的研究者指出,网络德育过程规律包括教育者主导作用与受教育者主体作用、协调自觉影响与控制自发影响、思想品德行为的虚实等三个方面的统一。③ 有的研究者认为网络育人的规律主要体现在以下三个层面:教师的主体作用与被访者的主体作用、协调的自觉影响与控制的自发影响、内化与外在化。④ 有的研究者指出,网络意识形态教育应遵循的是高校学生进行网上思想政治教学的内在特征,其中包括支配与多元的统一、虚拟与现实的统一、主体间的互动。⑤ 也有人认为,在网络道德建设的过程中,应当把他律机制与自律机制、灌输机制与接受机制、先进性要求与广泛性要求有机地结合起来。⑥ 在此基础上,还有学者则提出了一种新的观点,认为网络育人的规律主要有三个,即主客交互定律、矛盾运动律、虚实交互律。⑦

① 宋元林.网络思想政治教育[M].北京:人民出版社,2012:54-59.
② 李世黎.网络环境下思想政治教育研究[D].武汉:武汉大学,2003.
③ 蔡丽华.试论网络德育过程及其规律[J].当代世界与社会主义,2006(5):145-148.
④ 郭晓峰.高校网络思想政治教育效能研究[D].成都:电子科技大学,2010.
⑤ 宋元林.网络思想政治教育[M].北京:人民出版社,2012:54-59.
⑥ 范虹.网络道德内化规律探析[J].道德与文明,2005,136(3):58-62.
⑦ 赵惜群,翟中杰.未成年人网络道德素质形成与发展规律探析[J].湖南科技大学学报(社会科学版),2013,16(1):168-171.

（五）关于网络育人价值的研究

在新的历史时期，开展高校网络育人具有重要的理论价值与应用价值。有的学者认为，网络思想政治教育价值是思想政治教育对网络时代社会进步和人的全面发展的效应、网络对思想政治教育的效应。[①] 有的学者认为，网络思想政治教育价值是指网络思想政治教育属性对网络思想政治教育价值主体需要的满足程度。[②] 有的学者认为，同传统教育方式相比，网络思想政治教育价值实现的实质就是网络思想政治教育价值客体主体化。[③] 有的学者强调网络思想政治教育的价值实现是客体满足主体需要的过程，是一个共时性与历时性的过程，而非一个应然的存在。[④] 而有的学者围绕"客体的功能和属性对主体需要的满足程度"这一关键点来界定网络育人的价值。[⑤] 有的学者认为网络思想政治教育的价值实现的本质，就是在信息消费的过程中网络思想政治教育的共生、共在、共享，是教育过程中关系的共生、教育各要素的共在和教育内容的共享。一些学者认为，网络思想政治教育价值实现具有实践性、历史性、客观性、社会性、自为性和客观性等特征，同时具有链接性、技术性、交互性、体验性等特征。

（六）关于网络育人场域的研究

网络育人离不开一定的环境与场域。从理论渊源上讲，思想政治教育情境研究是在相关的情境研究的基础上，直接受到情境教育、情境德育

① 胡树祥.网络思想政治教育研究[M].成都:电子科技大学出版社,2005:22.

② 宋元,唐佳海.网络思想政治教育的个体价值及其实现途径[J].毛泽东邓小平理论研究,2009(9):61-65,87.

③ 鲁宽民.网络思想教育价值论[M].北京:社会科学文献出版社,2014:190.

④ 董兴彬,吴满意.关于网络思想政治教育价值实现问题的思考[J].重庆邮电大学学报(社会科学版),2014,26(5):72-77.

⑤ 张波,陈超,刘俞余.网络思想政治教育价值实现的矛盾与路径——基于互联网意识形态属性[J].重庆邮电大学学报(社会科学版),2016,28(5):67-71.

研究的启迪而形成的。李吉林深受国外"心理场"等教育学思想的影响，在马克思的"人的全面发展"思想的指引下，构建了一系列富有中国特色的环境教育思想。① 朱小蔓认为，在道德教育的进程中，应转变"以老师为中心，以材料为中心，以教室为中心"的传统三中心观，应当设立"以学生为中心，以情境为中心，以行为为中心"的新范式。② 有的研究者指出了德育环境与德育情境的区别，即德育环境是活动主体置身其间的物质的、外在的客体存在对象；而德育情境则是活动主体拥有的文化的、精神的、心理的、内在的、主体的体验和氛围与人际互动。③ 有的学者认为道德教育情境必须具有科学、多元、情感性和主体性等特点。④ 有的研究者认为德育情境的创设应遵守自主、平等与民主的原则，启发与针对性原则，宽松和愉悦原则，和谐与沟通原则，适宜性原则，创设与导入、控制相结合的原则。⑤ 有的研究者提出了德育情境创设的若干种方法，如因时创设法、因人创设法、因事创设法、因利创设法等。⑥ 有的研究者从学校德育实践中总结出比较完整的情境德育的四个主要方面：创设情境、同伴讨论、角色模拟、体验感悟。⑦

① 李吉林.为全面提高儿童素质探索一条有效途径——从情境教学到情境教育的探索与思考(上)[J].教育研究,1997(3):33-41;李吉林.为全面提高儿童素质探索一条有效途径——从情境教学到情境教育的探索与思考(下)[J].教育研究,1997(4):55-63,79.

② 朱小蔓,其东.面对挑战:学校道德教育的调整与革新[J].教育研究,2005(3):3-12.

③ 肖川.教育情境的特质[N].人民政协报,2000-11-7(6).

④ 周杰.论有效德育情境的特征[J].教育探索,2004(3):92-93.

⑤ 戴锐.德育情境创设的若干原则[J].中国教育学刊,1998(3):28-30.

⑥ 李砚池.德育情境创设八法[J].中国职业技术教育,2002(6):28.

⑦ 潘月俊.情境德育:"指导"学生生长的道德教育[J].思想·理论·教育,2002(10):30-34.

二、国外研究现状

(一)国外有关互联网影响的研究

国外一些学者对互联网的影响进行了研究。在国际上,许多国家都十分注重运用媒体来强化意识形态,借助媒体传播自己的政治、文化观和价值观,而网络则是传播信息的一种行之有效的方式。哈斯·卡姆、E.斯科恩菲尔德斯指出,网络把思想政治教学的内涵融入文化与科学技术的知识中,从而在不知不觉中影响学生。[①] 尼葛洛庞帝的《数字化生存》指出,"数码生活"是指人们生活在一个"虚拟世界"里,人类在利用数码技术(资讯科技)进行资讯交流的数码生活空间中交流、学习、工作等。迈克尔·海姆认为,互联网最宝贵的特征之一,就是它对人与人之间的联系的发展。[②] 近年来,面对网络文化的冲击,越来越多的国家不约而同采用立法完善其网络文化监管体系,例如韩国出台《电子交易基本法》和《电子签名法》,美国出台《计算机安全法》和《儿童在线隐私保护法》等网络管理法规。

(二)国外关于网络育人作用的研究

国外学者也十分重视网络在学生教育方面所发挥的作用。[③] 美国的网络远程教学的主要形式有网络公开课、网络讲座和网络教学团体等。[④] 有的学者探讨了互联网在学校中的作用,其中 Snow 和 Pullen 相信,数字

---

① 哈斯卡姆,E.斯科恩菲尔德斯.数字式学习环境下解决问题的模式[J].广岛数学教育学报,2005(1):58-62.

② 迈克尔·海姆.从界面到M络空间——虚拟实在的形而上学[M].上海:上海科技教育出版社,2000:87.

③ 王明辉,郑晋维,何佳利.新时代高校网络安全面临的挑战及建设路径[J].学校党建与思想教育,2018(19):88-90.

④ Capelle A V D, Lil E V, Theunis J, et al. Project driven graduate network education[C]. International Conference on Networking,2011.

化、网络化和科技对学生的思维方式有很大影响。① Green-Berg 发现互联网在大学生的学习中起到了很大的中介作用，它不仅可以提高大学生的思想素质，而且可以在一定程度上改变大学生的思维方式。② Bay 指出，目前大学教学要继续提高质量，互联网已深入人民的日常生活和学习中，应当使之成为人民服务的一部分。③ 可见，关于高校网络育人的研究探索随着信息时代的发展不断深入。

(三)国外关于网络育人平台的研究

随着网络技术的不断普及，从 20 世纪 90 年代开始，国外一些高校采用网上课堂，并以互联网为媒介，加强对大学生的道德修养的培养。从 2012 年开始，三大慕课(MOOC)平台 Coursera、edX、Udacity 逐渐成形，并且在美国有很多著名大学与之有良好的合作④。保利逊、卡恩和罗斯首先对网上教育的平台进行了系统的构建。保利逊认为，有 8 个主要的学习平台：网上教学、作业、注意和通知、个人网页、互动交流、测验、课程管理和课程内容；卡恩从多个视角对网上教育进行了研究，并从 28 个方面对网上教育进行了分析，将其划分为关键性和额外性两大类型；罗斯认为，网上教学平台包括学生工具、合作工具、管理和安全性、测试和记录功能、功能性、用户界面、非技术特征七大部分⑤。加拿大西蒙弗雷泽大学

① Snow C, Pullen J M, Mcandrews P. Network Education Ware: an open-source web-based system forsynchronous distance education[J]. IEEE Transactions on Education, 2016,48(4):705-712.

② Green-Berg K H. The cognitive enrichment network education model(COGNET) [J]. Academic Achievement,2017(11):22.

③ Bay D M D. An art education network:A brazilian experience[J]. International Journal of Art and Design Education,2017,18(2):217-220.

④ 王丽华."慕课"的新发展及对中国的启示——基于对斯隆联盟系列调查评估报告的解读[J].高校教育管理,2014,8(5):34-72.

⑤ 辛娜敏.远程教育中交互的理念与派别[M].北京:中央广播电视大学出版社,2004:80;国际论坛:现代远程教育的理念与实践[M].北京:中央广播电视大学出版社,2003:77.

(Simon Fraser University)研发的虚拟 U 盘和智能 3 黑匣子等产品在全球范围内都有一定的客户基础和很强的影响力。约翰·丹尼尔把网上教育平台划分为三个发展时期:第一个时期以课程为主,由老师协助;第二个时期注重学生的学习,注重学生的服务;第三个时期强调学生的综合素质,倡导个体化的教育。[①] 1968 年,美国教育社会学家杰克逊在其专著《班级生活》一书中就提出了"潜在课程"的概念,通过几十年的实践,西方发达国家在隐性德育方面有了比较系统和成熟的做法。[②]

(四)国外关于网络教育资源的研究

国外一些学者对如何利用丰富的网络教育资源进行了探讨。Long 指出,MIT OCW (Massachusettes Institute of Technology Open Course Ware,麻省理工学院开放课程资源)是新的学术共享模式,是教育领域的"开源运动"。[③] Diamond 介绍了麻省理工学院开放教育资源项目的启动背景、网站的整体结构和发布之后的效果与影响。[④] Margulies 详细论述了开放教育资源运动的内涵和相关案例及规划组织协调管理、知识产权保护、发布流程等各个环节的种种要素,总结了麻省理工学院取得的相关经验。[⑤] Edmundson 和 Lee 分析了开放教育资源运动的起源、发展过程、发展目标,阐述其重要意义在于为广大教育落后地区提供教育发展契机,促进世界教育公平的发展。[⑥] Alali 分析了开放源代码课程管理系统的

[①] 约翰·丹尼尔.技术运用与远程教育:信息与通讯技术在教、学及管理中有效运用的原理之探讨[J].中国远程教育,2002(8):7-13.

[②] 刘伟.西方发达国家隐性德育的基本特征及其启示[J].教育科学研究,2012(10):62-66.

[③] 廖晓明.精品课程推广与利用中的院系作用研究总报告[R].南昌:南昌大学,2011.

[④] David Diamond D. MIT Everywhere[J]. Wired Magazine,2003(8):24-26.

[⑤] Margulies A H. Implementing open course ware:Executive summary[R]. Cambridge:Massachusetts Institute of Technology,2004.

[⑥] Edmundson A, Lee M M. Globalized E-Learning Cultural Challenges [M]. Arlington:Information Resources Press,2007:374.

初步应用原理、特色、优势与不足,并从教育评估的角度,详细介绍了教职工对开放源代码课程管理系统的态度。① Huett 和 Sharp 回答了自由和开放源码软件的概念及其对教育的影响,并指出其在教育传播中的运用将塑造教育的未来。② Laffey 和 Schmidt 系统地探讨了如何开发一个面向全社会的电子学习源软件。③

三、研究述评

国内外有关高校网络育人方面的研究,取得了诸多的成果,为我们研究高校网络育人提供了理论与方法论的借鉴与参考,对现代高等教育的研究也具有积极的促进作用。但是,从某种意义上来讲,国外学者大多着眼于网络文化大的范畴,研究重点也都局限于网络本身,关于网络育人精神塑造的研究较少,关于将网络与育人功能相结合的研究更少。我国学者从网络育人文化的界定、特征、功能、建设和管理等方面进行了有益的探索,并取得了诸多的研究成果。但是,这些研究仍存在一些不足的地方,主要表现在目前的研究大多都在借鉴国外学者的研究,同时采用概念分析法及文献分析法等一些理论分析方法。本研究以高校网络育人为研究对象,通过文献分析、调查研究、样本跟踪访谈等研究方法,进一步说明校园网络育人功能与现实价值,从平台建设、完善制度机制、队伍建设等方面构建高校网络育人的路径。

---

① Alali M A. Essment of faculty attitudes toward the open source course management system from an educational perspective[R]. Cambridge:Massachusetts Institute of Technology,2008.

② Huett J B, Sharp A. What's all the FOSS? How freedom and openness are changing the face of our educational landscape[J]. International Journal of Open Source Software and Processes,2010(1):40-41.

③ Laffey J, Schmidt M. Open for Social: How Open Source Software for E-Learning can Take a Turn to the Social[J]. International Journal of Open Source Software and Processess,2010(1):49-64.

第三节　本书的创新

在充分借鉴已有研究、把握研究前沿的基础上，本书在研究内容、研究方法等方面进行了创新。本书的创新主要表现在以下几个方面：

一、理论创新

第一，以马克思主义理论的哲学原理为基础进行建构。从整体上来看，学者普遍认为马克思主义哲学原理是网络思想政治教育理论基础建构的必然依循，发挥着主导作用。网络思想政治教育的马克思主义理论基础应包括：坚持和发展社会存在与社会意识辩证关系原理，坚持和发展普遍联系和永恒发展的学说，坚持和发展实践与认识辩证关系的原理，坚持和发展人的本质与全面发展的学说。[①] 马克思主义交往理论认为，交往理论是马克思恩格斯唯物史观中不可或缺的重要内容，对网络发展背景下人们交往的方式依然具有显著的指导意义。[②] 可以说，马克思主义哲学原理在网络思想政治教育理论基础建构中具有原则性指导意义，主要表现在物质与意识的关系、联系与发展的关系、实践与认识的关系、社会意识与社会存在的关系，以及马克思主义关于人的本质理论、交往理论等方面，为网络育人的研究奠定了坚实的基础。

第二，以中国化马克思主义理论为指导。在新的历史时期，高等教育的发展对互联网的运用和适应以及网络思想政治教育方法的开拓创新提出了新的要求，提供了基本遵循。中国化马克思主义理论是马克思主义

---

① 唐亚阳.网络思想政治教育学[M].北京：人民出版社，2016：57-63.

② 吴满意,胡树祥.《德意志意识形态》中的交往内涵与当今网络交往本质[J].思想教育研究,2009(6)：25-29.

中国化的实践表达,将其作为网络思想政治教育理论基础建构的依据,凸显了网络思想政治教育的实践性、发展性与时代性,是鲜活理论与具体实践之间的双向互动,对在新时代推动网络思想政治教育理论基础的创新发展具有重要意义。

第三,重视理论与方法的统一。本书从理论与方法的角度出发,构建了高校的网络育人的理论体系。从根本上讲,网络育人仍然是高校育人工作的一个主要内容,它和高校的德育工作是一个整体。它是体现思想政治教育的普遍规律的一种科学原则和体系学说。[①]

二、内容创新

第一,对高校网络育人的含义进行了界定与阐述。当前,缺乏对网络育人的理论和实践界定。对一些基本问题如特征、价值等的阐述,大多是"内化于心"的实务导向,对工作中的具体问题的探讨及其概念的内涵与外延未进行深入研究。本书从"主客体、信息认知、环境形态、内化过程"等四个方面阐述了网络育人的内涵,强调了网络育人的特点,从主客体、信息认知、环境形态、内化过程等方面凸显了网络育人属性,以期与传统思想政治教育内化、心理学等其他学科的内化类型区分开来,具有一定的创新性,在一定程度上凸显了基础性、先导性、全局性地位和作用。

第二,具有完整性、系统性。研究视角紧扣网络育人的内部结构、演化逻辑和主要内容,具有创新性。以系统性思维为指引,以静态的视角重点聚焦网络思想政治教育内化的要素,解析其内在结构、功能、影响要素,并以动态的视角重点聚焦网络思想政治教育内化的过程,阐释其运动变化的主要矛盾以及体现的规律,分析了新时代高校网络育人的机遇与挑

---

① 杨直凡.论网络思想政治教育的理论政策依据[J].理论与改革,2013(6):143-146.

战,进而将关系性要素和过程性要素贯穿在主要内容和技术载体研究的始终,从而形成了由内而外、由点到面的研究思路,呈现出系统性研究,这是对现有研究成果的一种丰富和发展,具有一定的创新性。

第三,关于网络育人创新发展的对策的论述具有创新性。本书不仅建构了优化、细化、深化的逻辑框架,而且提出了一些关于对策建议的新观点,增强了针对性和前瞻性。本书将网络思想政治教育的研究放在习近平新时代中国特色社会主义思想和党中央加强改进思想政治工作的新理念、新思想、新战略中来审视和把握,因党对思想政治工作的新认识、新要求而创新,因信息技术发展的时代前沿而跟进,因网络思想政治工作实践变化而变化。因此,本书在思想理念、对策分析方面具有一定的创新性。

三、研究方法创新

第一,视野的特殊性。在新媒体时代,如何充分发挥互联网的教育作用是一个不可忽略的时代主题。本书关注网络与思想政治教育的多重契合,通过审视网络育人的现实状况,探讨网络育人的最佳途径。本书试图将多学科的教学交叉融合,以拓宽网络育人的视角,探索行之有效的育人方法。

第二,采用文献分析法、多学科综合分析法等,对网络育人进行了探讨。本书在对相关文献进行整理的基础上,结合文献和相关调查报告,初步了解当前我国高校网络育人工作存在的问题。本书始终贯彻学以致用的思想,没有空说、临摹,而是从高校网络育人工作的实际出发,进行有针对性的思考与总结,致力于理论建构与实践探索的统一。

第二章 新时代高校网络育人的理论基础

第一节 高校网络育人的内涵

一、网络的含义

《现代汉语词典》中,"网络"一词的释义为"由若干元器件或设备等连接成的网状的系统"。而不同领域学科对"网络"一词,有不同的理解。社会学、管理学等学科中,网络主要指节点和连线的相互联系,如人际网络、物流网络、信息网络等。网络渗透我们工作和生活的方方面面,当我们思考如何界定熟悉的"网络"一词时,通常会想到计算机网络或互联网(Internet)。在技术层面上,有学者认为,从构成要素角度来看,"网络是由计算机硬件、网络设备以及软件和数据连接起来的集合体"①。还有学者从技术层面认为,"网络并非一个独立的形态,而是一个集计算机、通信

---

① 陈明,张永斌.网络概论[M].北京:北京理工大学出版社,2014:3.

技术、数据库以及相关电子产品于一体的电子信息交流系统"①。在功能层面上，网络是信息传递的载体和信息共享的平台。随着时代的进步，网络被认为是由现代通信设备和线路将不同地区的计算机系统连接起来，并且通过功能完善的网络软件进行影响，最终实现数据流通、资源共享和协同工作的一种系统。② 在文化层面上，网络既是文化传播的载体和平台，又是文化交流的渠道和途径，更是资源共享的空间。网络上的多种信息传播形式如视频、音频、图像、文字、符号等冲击着网络的使用者，同时网络破除了时空的局限，编织出的虚拟时空深刻地改变着人们的生产生活方式。正如美国的约翰·布洛克曼所言："网络逐渐不是一桩事物，而愈来愈是一个环境。"③在这个环境中，信息知识的获取途径丰富多元，知识信息也向着长远和纵深蔓延。

随着网络信息技术的不断发展，网络已成为人们生活的一个部分。网络作为一种技术，深刻地影响着人们的生产生活方式；作为一种媒介，承载着交互和共享的信息；作为一种文化，不断地丰富着人们的生活。

二、网络育人的内涵

无论网络作为技术、工具、媒介还是文化的存在，其强大的影响力已经渗透我们工作和生活的方方面面。目前对于网络育人的概念，学术界并没有一致性认知。有学者认为，网络育人是一种技术，是利用现代网络技术教育、影响人的一种方式。有学者从工具手段层面出发，认为网络育人是通过网络这一工具对受教育者进行的一种有目的性、有计划性、有组织性的教育活动，为最终实现人的全面发展的目标而开展的教育活动。④

---

① 敬菊华,张绍荣,张珂.网络环境下高校校园文化建设研究[M].成都:四川大学出版社,2009:16.

② 檀江林.高校网络思想政治研究[M].合肥:合肥工业大学出版社,2007:15.

③ 约翰·布洛克曼.未来英雄[M].汪仲,等译.海口:海南出版社,1998:76.

④ 徐仕丽.新形势下我国网络育人的发展研究[D].长春:东北师范大学,2017.

有学者从网络环境出发,认为网络育人是基于网络环境背景开展的教育活动,是传统的育人方法、内容、形式等在网络环境中创新发展,形成全新的育人体系的教育活动。[①] 有学者则从教育角度出发,认为网络育人是关于网络的教育活动。还有学者从马克思主义理论角度解读,认为网络育人是在网络意识形态教育的基础上,在网络的虚拟空间中对网民进行网络思想政治教育的一种新方式。[②]

学者对网络育人的内涵认知,为我们界定网络育人的概念提供了参考。但是,我们不能简单地从一个层面概括网络育人的含义,我们应该从更加综合的、多层次的角度分析网络育人的内涵。

首先,网络育人是一种新型的育人形式。网络育人将网络与教育、思想政治教育相互结合,然而这种结合不是简单的叠加,而是从本质上相互融合,做到你中有我、我中有你。通过网络改变原来教与学的主客体状态,可以让受教育者主动获取知识,从而发挥受教育者在教育过程中的主观能动作用。网络改变了教育主体实施教育的模式,形成了教育主体与受教育者平等对话、问答互动、分享知识等更为活泼的、具体的、获得感更强的育人形式,更易于受教育者对知识信息吸收和内化。网络育人的新形式创设了一种传统课堂教育教学之外的补充模式,甚至是一种以网络育人为主体的远程教育、在线教育的教育模式。在这个过程中,受教育者可以在虚拟的世界中实现"身体在场",知识共享,情感共鸣,网络育人发挥着隐性教育作用。

其次,网络育人是新型的育人方式。这种新型的育人方式表现在教育资源多元、交流互动多元和参与主体多元。教育资源包括视频、音频、图像、文字、符号等,以图文声并茂的方式给受教育者感官的刺激,激发受教育者学习的兴趣。因此,网络育人方式有利于形成受众对知识的"用户

---

① 邓晶艳.基于大数据的大学生日常思想政治教育创新研究[D].贵阳:贵州师范大学,2021.

② 罗艺.大学生信息素养及其教育支持研究[D].上海:华东师范大学,2021.

黏性"。交流互动多元有别于传统育人方式的"一对一"灌输交流,网络空间内可以实现"一对多""多对一""多对多"的互动,而且通常可以跨越时间和空间的界限。参与教育主体多元是指在一项教育活动中,既有教育者、受教育者,又有一些围观者、评论者,他们也参与到教育活动之中,对教育效果产生一定的影响。

再次,网络育人需要新型的育人环境。网络育人的覆盖范围跨越时空,只需要一台移动终端就可以实现教育活动的参与,它打破了原本固态化的、封闭化的育人环境。从某种程度上来讲,网络育人环境的搭建,克服了空间上、时间上的阻隔,教育者与受教育者可通过网络进行有效的互动,可走出国门跨越国界,甚至可以跨越学术水平的差异、文化语言的差异、身份地位的差异而沟通论题,交流思想。

最后,网络育人涵盖丰富的育人内容。在"内容为王"的网络时代,教育内容的吸引力更加凸显,网络育人的育人内容突破了传统单一的信息传输限制,从前是教什么学什么,现在的网络育人可以实现想学什么,就可以检索什么。在网络空间内可最大限度地发挥教育主体的自主性,受教育者可选择自己需要学习的内容,而且海量的教育资源和信息也可以随时满足受教育者的诉求。网络这一特性给网络受教育者带来极大的便利,深得网络受教育者的喜爱。同时,作为教育主体的教师,可以将自己的教育内容制作成网络育人资源。在此过程中,网络中已有的教育资源也可以成为教育者借鉴的资料,有利于提升教育者的育人水平和能力。

三、高校网络育人的含义

高校网络育人即在网络育人的含义下,增加了高校这一特殊育人环境。高校网络育人是在高校内发生的网络育人活动,其受教育对象是普通高校在校学生,其教育者是具有教育资质的教育者当中的高校教师群体。因此,高校与网络育人结合而形成的高校网络育人,其概念具有深层次的内涵。高校网络育人,是指高等学校通过网络所营造的技术、媒介、平台、功能展开的有针对性的、有计划性的、有目的性的教育教学实践活动,这是高校网络育人广义上的含义。自 20 世纪 90 年代以来,我国高校的数字信息化建设取得了巨大成就,高校运用网络信息系统开展教育教学活动已成为补充课堂教学的一个有力的途径。高校在思想政治教育中必须把握大学生思想行为规律,应对思想政治教育面临的新形势、新发展、新课题,尽快转变传统思政教育思路,探索新方法、新路径,主动占领网络育人阵地,在网络空间内开展思想政治教育、形势政策教育、心理健康教育等,为实现立德树人教育目标、培养社会主义合格建设者和可靠接班人不断努力。因此,在狭义上,高校网络育人是指高校思想政治教育工作与网络育人相结合并形成高校网络思想政治教育的实践活动。

第二节　高校网络育人的特征与育人指向

一、高校网络育人的特征

高校网络育人综合了网络育人特点、高校育人特点、思想政治育人特点等。网络育人的最突出优势在于知识的共享,同时并不会因为知识的共享,影响知识的迭代和增值。每一位在科学教育领域不断耕耘的教育者都可以站在"巨人的肩膀"上,对共享知识进行再造和创新,对现有的信息知识系统加以完善,对现有信息知识进行更新。但是,在网络编织出的虚拟空间内,高校网络育人也呈现出超时空性、主体性、虚拟性和系统性的特征,这些特征均对高校网络育人的对象,即青年大学生的价值观念、思维模式、行为方式、认知态度等方面产生了重要影响。

1.高校网络育人的超时空性

互联网是联通世界的纽带,于无形之中,又无处不在。互联网将世界联通为一个"命运共同体"。网络不仅压缩了时间维度,而且也拉近了地理距离。网络的超时空特点,使得高校育人的途径具有了超时空的特性,网络不但突破了高校育人的时空界限,而且拓宽了高校育人的时空范围,拉近了教育者与受教育者之间的距离。高校网络育人的超时空性在一定程度上打破了传统育人模式覆盖面窄、影响范围小、教育效果有限等限制。在教育过程中,教师将自身所学传授给学生,所以教育便具有一定的主观性,高校学子"亲其师,信其道",但未必能够看到知识信息的全貌,这种状况往往会直接影响到育人的效果。网络育人可以实现资源共享,网络上的普通网民可以享受超时空的教育资源,实现零距离、无差别的交流。高校网络育人顺应了时代的要求,满足了高校学生的诉求,打破常规教师授课时间的限制和校园客观环境的空间局限,让高等教育的覆盖面更加广泛,学习空间更为灵活,为知识的传授提供了广阔的平台,实现了个性化、弹性化育人。

从时间维度来讲,网络的 24 小时全天候特性,让网络育人不再受到传统教育中课程时长的限制。高校大学生有更多的时间作自主安排,他们可以依据自己的时间进行线上学习。高校网络育人突破了时间和空间的限制,相比于传统的课堂教育,教育教学的自由度大大提高。而且线上的课程是老师面授课程的衍生教育产出,可以实现教育者一次面授、多次传播的效果。这种状况可以让大学的学习变得自由、方便,借助移动终端设备,如电脑、手机、平板电脑等设备便可进行学习。这些电子设备已经成为当前大学生用于学习生活的必备品,大学生也许坐在寝室的书桌前就可以学习、聆听来自大洋彼岸教授的精彩演讲,在乘公交车和地铁时就可以了解所学专业学科领域当中瞬息万变的发展,在晨练或夜跑时就可以收听新闻……通过网络,大学生不断培养自己的信息检索能力,组建自己的个人资料库和图书馆,他们通过符号、文字、视频、音频、图片等网罗他们需要的知识信息,进而在网络空间内尽情地交流和共享,实现与这个世界的同频共振。

从空间维度来讲,教育的全球化促进了传统教育向网络教育的转型。

原本固定的学习场所,已经成为人们任意切换的生活场景。高校网络育人真正突破了空间的阻隔,缩短了知识传播的距离,实现了场域开放与远距离教学。新冠病毒肺炎疫情暴发之初,全国各高校及时通过网络与学生沟通联系,建立联防联控和"日报告"制度;在教育部发布"停课不停教、停课不停学"要求后,各高校通过网络开展云教学,如"云"主题党团日活动、"云"端宣讲,互联网已成为打赢疫情防控阻击战的重要力量。高校网络育人的超时空性不仅给教育者和受教育者带来了极大的便利,而且也大大降低了教育的成本,不仅激发了学生学习的主体性、主动性,而且也增强了学生对网络学习的主体黏性,不仅可以培养大学生网络学习的意识和能力,而且给青年学子提供了互动交流、共同进步的平台。

2.高校网络育人的虚拟性

清华大学新闻网报道,新冠病毒肺炎疫情防控期间,数学科学系的一位老师为学生讲授数学课程,他认为在线教育能让学生看得更清楚、听得更清楚,能够回看,能够匿名交互,更能提高学生参与积极性;同时"倒逼"教师学习掌握更多混合式教学方法与技术,更加精细地调整教学设计与教学互动。

首先,学习者个体身份具有虚拟性。网络在一定程度上使学生摆脱了现实人际的制约,突破时空的限制,可充分表达个人的观点。网络育人克服了传统的面授局限,可以让网络中的个体展开全方位的交流、讨论,可以在一定程度上消除现场学习带来的紧张感和约束感,对于提高学习效率有明显作用。网络是个开放和互动的空间,在遵守规则的情况下,用户可以自由进出,自主决定在何时对哪件事情作出自己的评价。用户在虚拟的网络世界中可以暂时抛开现实世界中的身份,根据某一话题展开自己的表达。所以,网络育人也克服了信息单向传输的弊端。高校网络育人是一个双向甚至多向的互动过程,教育者和受教育者都不可或缺,两者的身份不是牢固不变的,身份可以互换,角色也可以互调,两者在网络育人的场域内是平等互动的。同时,教育者与受教育者的角色也可以根据特定的情形进行转变,教育对象的主体意识也被极大地调动起来,抛开一切外因的作用,只为了学习而深度探讨和沟通,有助于培养学生提出问题、探讨问题的能力。这不仅能使学习交流提高效率,而且能让交流互动的多方得到心灵深处的满足。

其次,网络育人的过程具有虚拟性。高校网络育人是一种隐性教育,教育的目的、过程以及手段和方法具有很强的虚拟性,与传统育人的显性教育方式不同,它把教育内容隐藏于教育载体中,这种隐性的教育使得学生更容易在潜移默化中受到熏陶。[①] 高校网络育人实现了从知识的生产、加工、处理、传播传授,到大学生群体的下载、浏览、吸收,以及知识的整合再造的过程,这个过程在虚拟的网络空间环境下进行。在每一个环节网络都可以充分把握大学生群体的信息接受偏好、阅读习惯,通过算法进行有针对性的推送。同时,也可以选择大学生喜闻乐见的语言表达方式、话语体系,以及时下流行的热点、学生关注的焦点、思想上存在的痛点,展开网络育人活动,起到事半功倍的效果。高校网络育人实践可以成为学生群体在线上线下热议的话题,通过线上与线下的传播和推荐,可以在学生群体内形成矩阵式的学习和联动,这样口耳相传和线上互动,也实现了网络育人内容的二次传播,通过大学生朋辈群体之间的分享,也会让高校网络育人走向学生、走近学生、走入学生,扩大育人的覆盖面,提高影响力。

3.高校网络育人的主体性

高校网络育人作为新型的教育模式,已然不再是传统教育单向灌输的教学,教什么学什么,教什么听什么,而是实现了信息的高度共享,精准投送,实时反馈,迭代更新。这种模式激发了青年学子的自主性,增强了大学生群体的学习主体性。青年学子已经不再等待老师们"填鸭式"的课堂教学,转而主动寻求丰富自己知识结构的信息、满足自己求知欲望的内

---

① 杨启迪.高校网络育人研究[D].石家庄:河北师范大学,2019.

容。与传统课堂教学相比,高校网络育人最大的特点和优势就在于其充分调动了教育对象的主动性,重视人的个性化和全面发展需要,提高教育者的主动性和自主性。如前文所言,它跨越了时空的阻隔,在教育的过程中能够充分让教育对象享受到积极和主动的乐趣。教育对象主体地位得到提升,人格获得尊重,思想得到释放,在交流中碰撞出智慧的火花。它改变了枯燥学习、被动接受知识的过程,使受教育者能够根据自身实际需求,选择定制教育内容,可以在互动交流中发表想法,不以分数的高低评判育人效果的强弱。因此,高校网络育人的效果在于个人知识上的获得、学识上的提升、信念上的坚定、精神素养上的净化。

(1)受教育者的主动性。高校网络育人努力营造一个平等、自由的可交流的教育平台,在交互式教育的过程中使教育内容从"大众"转向"分众"。由此受教育者在高校网络育人过程中的个性化也不断地得到加强。高校网络育人与传统育人相比,它给予学习者更高的主动性和自由度。在网络环境下,受教育者不再受到教育内容的限制,不再是被动地听从教育者的灌输、被动地学习和接受知识。在这种条件下,知识的学习主要依赖于主体的选择,即选择什么样的学习内容、在什么地方学习、在什么时间学习、学习持续多久、在线发表观点,这与高校培养大学生自律学习、自主学习的能力有着一致性。大学生通过网络学习,根据个体的学习需求与爱好兴趣进行自主学习,这种自主的学习方式既可以缓解学习压力,又可以自主克服学习中的困难,在发现问题、解决问题中,激发主体创造性,真正提升个体的学习能力。

(2)教育者的主动性。高校网络育人不仅给受教育者带来很强的学习自主性,同时也要求教育者在开展网络育人的过程中同样具有主动性。一方面,教育者作为教育资料的生产者、传播者、反馈者、评价者,需要综合运用教育信息和材料,主动贴近教育对象,增强教育对象对教育内容的黏性。同时,网络空间拥有海量信息,为受教育者带来了多元选择可能。网络空间丰富的教学资源也为教育者提供了丰富的教学素材。高校网络育人的教育者也应该主动应战、主动而为、主动发声,主动为大学生答疑解惑，传递正能量，承担起高校网络育人的使命和任务。

4.高校网络育人的系统性

高校网络育人是一个系统性的工程。高校网络育人价值和育人功能的实现路径需要围绕网络育人载体建设、制度建设、队伍建设和文化建设四个层面进行建构。

第一，网络载体是高校网络育人的基础环节，是网络育人发挥其育人功能的重要载体和平台。网络育人物质文化建设指的是计算机、网络设备、服务器以及软件等网络平台的建设，是网络育人价值实现的基础。高校建立的校园内部局域网络、现代化的教育教学设施、学生智慧管理网络、一站式服务网络等都是保障学校教育教学有效运转的基础。当前，大学生对于学校网络软硬件设施有更高的要求，高校网络育人只有在高质量、便捷化的网络环境中开展，才能更有利于师生沟通交流，达到教育教学目标。

第二，网络育人制度建设。要构建良好的网络育人机制，高校应该明确权责归属。网络育人环境制度文化建设指网络有关法律法规，是网络育人环境有序运行、发展的规范和保障。① 网络育人制度建设需要明晰主体责任，分工协作，各司其职，各负其责，要站在实现"两个一百年"奋斗目标和中国梦的战略高度，围绕培养社会主义合格建设者和可靠接班人的中心目标，构建全员、全过程、全方位育人的工作机制。高校相关部门需要形成工作合力，一方面，要主动打破信息壁垒，将所有学生在校学习生活的有痕信息共享共通，方便把握学生成长规律，研判网络育人方向；另一方面，高校要主动融入网络育人的实践活动当中，一家搭台多家协作，为学生提供更多自我实现的舞台，做好线上线下互联互动，构建家庭、学校、社会、企业、政府等多方联动机制。

第三，网络育人队伍建设。高校需要构建一支具有计算机科学与工程、思想政治教育、社会学、心理学、教育学、传播学、管理学等学科背景的

---

① 白海霞.网络育人价值生成机制建构[J].人民论坛,2016(8):130.

教育者队伍。通过加强对计算机科学与工程和思想政治教育等学科的融合交流,强化网络育人意识,增强技术在育人当中的作用,综合运用各种新媒体手段,占领网络信息传播阵地,让这支队伍敢于发声、敢于亮剑、勇于攻坚。与此同时,网络育人队伍不能缺少大学生群体本身的参与,优秀学生干部、学生党员、学生榜样、优秀学生网络评论员等都可以成为这支队伍的骨干力量。

第四,网络育人文化建设。建构清朗健康安全的网络空间环境,让青年学子意识到,虽然互联网给人们提供了便利,但是网络空间绝不是法外之地。高校必须引导大学生文明用网,积极传递正能量,发挥网络育人润物细无声的作用。

二、高校网络育人的育人指向

(一)网络思想教育

1.坚定政治方向

高校必须坚持正确的政治方向,要有鲜明的政治立场,深刻理解坚持社会主义办学方向的政治原则。培养什么人、怎样培养人、为谁培养人,是教育的根本问题。我国高等教育的重要任务是培养社会发展、知识积累、文化传承、国家存续、制度运行所要求的人,培养一代又一代拥护中国共产党的领导和我国社会主义制度、立志为中国特色社会主义奋斗终身的有用人才。这是我们思考和谋划教育工作的逻辑起点,也是必须牢牢把握的正确政治方向。要坚持教育为人民服务、为中国共产党治国理政服务、为巩固和发展中国特色社会主义制度服务、为改革开放和社会主义现代化建设服务,真正做到为党育人、为国育才。① 因此,高校网络育人必须要加强政治教育,需要增强政治敏锐性,旗帜鲜明地讲政治。对于高校网络育人队伍,2018 年 9 月,习近平总书记在全国教育大会上指出,"教师承载着传播知识、传播思想、传播真理,塑造灵魂、塑造生命、塑造新人的时代重任"。② 广大高校教师要从培养社会主义建设者和接班人的高度,自觉提高政治站位,锻造过硬的政治素质,努力成为先进思想文化的传播者、党执政的坚定支持者,更好地担起学生健康成长指导者和引路人的责任。

高校网络育人需要发挥政治方向引导的关键作用,通过网络渠道将依据官方资料、历史事实等材料的解释和分析呈现给大学生,对青年学子从政治态度、政治立场、理想信念、爱党爱国等方面开展积极正向引领。提高青年学子明辨是非的能力,引导其正确地参与网络空间内的活动,增强其网络素养,培养其积极健康的用网习惯,营造民主的教育氛围,以培养理想信念坚定、政治立场坚定的社会主义建设者和接班人。

2.塑造价值观念

价值观的形成,主要依靠人际的互动。在互动的过程中,人们不断加深对自己和社会生活的认识,逐渐形成对周围客观事物的意义的总的看法和评价,形成价值观。在传统的人际交往过程中,由于人际交往相对恒定,价值观游移的可能性不大。③ 网络彻底改变了人们的交往方式,人与人之间的联络从紧密的相互依赖变得相对松散。这种互动方式的改变,使得数字时代人的价值观得以形成和发展。在网络虚拟化的世界中,人们已经不再只拥有固有的人际交往圈。不同的群体由于环境、立场等的

---

① 孙春兰在《求是》撰文谈新时代教育工作[EB/OL]. (2018-9-30)[2021-12-19]. http://www.gov.cn/guowuyuan/2018-9/30/content_5327177.htm? from＝groupmessage&isappinstalled＝0.

② 习近平:思政课是落实立德树人根本任务的关键课程[EB/OL]. (2020-08-31)[2021-12-19]. https://www.12371.cn/2020/08/31/ARTI1598858053889244.shtml.

③ 任大刚.网络时代,价值观如何被塑造[N].中国青年报,2015-7-16(2).

区别,存在不同的价值观念,他们通过互动交流、思维碰撞等方式,相互之间产生影响。

网络育人的主要指向在于通过潜移默化的教育,引导青年大学生群体,在以马克思主义价值观为指引的基础上,对其进行正确思想意识的培养、科学思维方式的塑造,使其形成良好的价值观念。首先,借助高校网络育人平台,让大学生群体在知识层面上得到一定的满足,使其不断学习新的知识,构建自己的专业知识体系,进一步提升自身的专业素养。其次,不断帮助大学生群体塑造自己的价值观,使其形成有效的方法论,由此产生选择和行动。最后,通过不断实践,反过来刺激青年群体审视其观念,进而不断升级价值观和方法论。这期间,教育者指导大学生对于网络热点话题或者现实生活中的一些事情,尝试运用不同价值观去看待,并分析不同价值观所带来的不同选择及其结果,经过正反对照,选择积极健康向好的结果,从而形成一种积极、健康的价值观。

(二)网络德行教育

1. 道德法律内化

道德法律的内化也是网络育人的基本育人指向。为了加强网络的健康交往与网络空间的管理,打造清朗的网上精神家园,我国先后颁布了一些网络管理方面的法律法规。青少年正处于人生的"拔节孕穗期",是道德品质和法律意识培养和形成的关键时期,网络环境对大学生道德情操的影响不容小觑。因此,新时代的大学生必须认真学习与领悟有关网络的法律法规,提升网络法律与道德素养。

加强网络道德教育,要求我们尽快制定网络道德规范,使每一个大学生网民都认识到在网上什么可为、什么不可为。[①] 高校网络育人必须以马克思主义德育理论为指导,遵循德育规律,对大学生进行系统的网络道

---

① 范洪涛.浅议大学生网络思想政治教育的基本内容[J].今日科苑,2008(2):1.

德教育,培育大学生的网络道德,使网络道德规范内化为学生自身的网络道德需求,从而使之自觉约束自身的网络行为。① 高校必须使大学生增强对全球网络的识别警觉能力、自律抗诱能力,在纷繁复杂的网络面前不断引导大学生坚定信念、把握方向、守住良知,唤起自觉维护道德观的责任感,构筑一道稳固的道德防线,培养自觉的网络道德意识、道德意志和道德责任感。② 网络道德规范教育主要通过网络媒介对大学生进行教化引导,调整他们对网络道德规范的错误认知,把优良的美德渗透到网络空间当中,积极引导学生自觉强化道德自律,提高其思想觉悟与辨别能力,以社会主义核心价值观教育为主线,引导大学生做有责任有担当的有用之才。

法律法规内化是大学生在网络文明素养的内化基础上展现出的遵守网络使用规范和遵守法律法规的行为。法律法规是网络行为的约束,也是网络育人的标尺,是网络使用行为的准则。网络育人以提高网民的法纪素质为目标,以知法、懂法、守法为主要内容,目的是不断增强网民的法治意识,培养一批遵法守法、严于律己的优秀网民。③高校网络育人在于教导大学生如何科学合法地使用网络,如何使用法律武器维护个人在网络环境内的合法权益,使大学生将法律知识运用于个人行为、理论研究和社会服务当中,在网络虚拟空间中开展生活学习时能够守法、知法、懂法、用法、护法。

2.交往秩序规范

网络的出现深刻地改变了人们交往的方式,传统的面对面的交往方式在某种意义上已经被"屏对屏、键对键"的交往方式所取代。同样,网络也把大学生带入一个全新的交往的世界当中,但是,这个世界的交往规范

① 陈建伟,宋加木,孙丽.新时期高校网络思想政治教育工作探究[J].学理论,2012(14):2.

② 夏晓虹.高校网络思想政治教育[M].济南:泰山出版社,2010:49.

③ 徐仕丽.新形势下我国网络育人发展研究[D].长春:东北师范大学,2017.

仍然有待进一步加强与完善。在网络世界中,如何进行人际交往,是我们规范大学生网络行为不可回避的课题。

规范网络交往行为,大学生需要做到自由与自律相结合。网络赋予了大学生某种程度的自由,但是绝对的自由是不存在的,想在这相对自由的环境内善用自由,就需要自律的加持。一些大学生往往会通过网络空间,在 QQ 群、微信的朋友圈、微博等平台发表自己生活、学习的经历与状况,留下自强不息、认真学习的青春印记。在大学学习生活当中,部分大学生承受着学习的压力、就业的压力和独立生活的压力,当他们需要帮助与支持的时候,他们也会通过网络表达自己学习、生活、情感的困惑,但是大学生一定要深刻意识到,网络空间的任何言论都必须遵守有关法律法规,不能违背社会公德。

高校教育者必须善用网络空间交往的环境,在良好平等的关系中,让大学生敞开心扉来探讨他们思想上的困惑、情绪上的压抑,以及行为上的冲动。高校网络育人的教育者将教育引导工作落于细微之处,可以让大学生明确虚拟空间并非法外之地,杜绝虚拟空间有较高容错率的认知偏差,对网络有敬畏、知敬畏,使大学生的行为方式在虚拟与现实、客观与主观、约束与释放间有较为理性的平衡表现。同时,高校通过网络礼仪、网络行为规范的专题性教育,润物细无声地帮助大学生养成科学健康的行为观念,检视自身网络交往行为,引导大学生向善向上,尊重他人,保护自己。

(三)网络发展性教育

1.网络安全教育

网络安全,从技术层面上理解,体现在网络数据信息以及网络技术和设备的完整性、保密性、不可篡改性等。随着网络在生产生活中的深入,网络安全也不单停留在物质层面,网络安全与人们的身心健康也息息相关。事实上,部分大学生缺乏网络安全意识,存在网络安全知识盲点。比如病毒程序侵入引发安全问题,最常见的是网络账号被盗用、网络诈骗、洗钱等;网络空间的某些不良信息,也会给学生身心带来极大伤害;信息超载引发学习行为迷失,大量的随机信息给大学生甄别带来了一定的困难。

高校必须通过网络安全教育提升大学生网络安全意识。[①] 高校需要多部门合作,形成育人合力,同时形成监管举报制度,借助技术和法律手段,营造一个清朗的网络环境。此外,高校需要向学生介绍日常所需的网络空间安全技术,比如网络防病毒技术、防火墙技术、文档加密技术、网络信息检索技术、数据备份技术、云储存技术等,指导学生了解相关攻防病毒软件和应用程序,通过不断积累,提高解决网络安全问题的能力。高校需要组建学生自我管理和自我服务的队伍,利用大学生朋辈群体的教育作用,在日常生活中发现大学校园出现的网络诈骗、网络借贷等现象,及时向校方、警方报告,将大学生的生命财产损失降到最低。高校的教育引导都需要在学生具备一定网络素养和网络道德水准的基础上实施。保卫网络安全人人有责、从我做起,只有加强对大学生的网络安全教育,才能增强大学生对有害信息的免疫能力。因此,网络安全是高校网络育人发展性指向内容。

2.网络文化教育

高校网络育人应重视网络文化的建设,发挥文化育人的作用。2014年5月4日,习近平总书记在北京大学师生座谈会上指出,"中华优秀传统文化已经成为中华民族的基因,植根在中国人内心,潜移默化影响着中国人的思想方式和行为方式"。[②] 在新时代,高校必须大力弘扬中华优秀传统文化,更好地推进中国特色社会主义精神文明建设。大学生是民族

[①] 岳汉景,朱莹.大学生网络谣言辨识力提升探析[J].重庆邮电大学学报(社会科学版),2021,33(3):89-96.

[②] 青年要自觉践行社会主义核心价值观——习近平在北京大学师生座谈会上的讲话[EB/OL].(2014-05-05)[2021-12-19].https://news. 12371. cn/2014/05/05/ARTI1399236440433514. shtml.

的希望和国家的未来,在大学生群体中弘扬中华优秀传统文化,使他们赓续中华民族的文化基因,积极吸收优秀传统文化中的精髓,不断实现文化内化、文化自觉。

高校网络育人需要结合大学生的行为习惯特点、话语体系风格、思想动态等规律,不断开发优秀的网络文化作品,创建优秀传统文化展示网站等,加强文化宣传力度,提升网络文化建设的吸引力,不断激发大学生参与网络文化建设的积极性、创造性,提高大学生的参与度、活跃度等。挖掘优秀传统文化当中的文化精髓,诸如讲仁爱、重民本、守诚信、崇正义、尚和合、求大同的理念。将大学生实践行为、日常生活与新时代诚信的特征、行为和发展进行结合,谈古论今,古今对比。这样既可以加深大学生对某种文化内涵的深刻理解,也可以使大学生的创造性地接受传统文化的熏陶。

第三节　高校网络育人的理论阐释

一、马克思主义相关理论

1. 马克思主义哲学是高校网络育人的基石

马克思主义辩证唯物主义和历史唯物主义的世界观和方法论是系统化、理论化的世界观和方法论。马克思主义认为:物质第一性,物质决定意识,意识对物质具有能动的反作用;实践是认识的来源,认识发展的过程是实践—认识—再实践—再认识不断反复的过程。从辩证法来说,世界是不断运动、变化、发展和具有普遍联系的,事物内部矛盾运动推动着事物的运动、变化和发展。马克思主义理论为我们提供了科学的世界观和方法论,恩格斯曾指出:"马克思的整个世界观不是教义,而是方法。它提供的不是现成的教条,而是进一步研究的出发点和供这种研究使用的方法。"①因此,我们要以全面、发展、联系的视角看待网络育人问题。只有坚持马克思主义辩证唯物主义和历史唯物主义的世界观和方法论,才能跳脱出虚拟与思想的困惑,探索理想照进现实的路径。

马克思主义基本原理精辟地概括了生产力与生产关系的辩证统一关系,即生产力决定生产关系,生产关系反作用于生产力。生产力的发展和人类社会的发展是辩证统一的关系。生产力的三要素是:劳动者、劳动资料和劳动对象。马克思认为,科学也是生产力的组成部分。② 因为科学同时和生产力的三个要素发生关系,科学提升了劳动者的素质,改进了劳动资料,开发了新的劳动对象,进而提升了生产力。马克思认为,社会劳动力的水平将随着科学技术的进步而不断提升。③ 马克思指出,社会的生产力取决于科学技术的进步,取决于科学技术在生产中的应用程度。④人类历史上的每一次科学技术的重大突破,都会给人类社会带来深刻变革。网络的飞速发展带来了人类历史上生产力水平的巨大飞跃,并深刻改变了人们的生产方式,即信息共享、劳动者素质提升、劳动工具创新、劳动效率提高。人们在网络上生活、学习、娱乐、消费、社交等,势必导致育人的阵地从线下转移到线上,育人方法从传统经验主义转移到网络育人创新方法。

2.马克思主义人学理论是高校网络育人的逻辑起点

马克思主义理论是关于人类社会发展的历史科学,人类解放学说在

① 马克思,恩格斯.马克思恩格斯全集(第39卷)[M].中共中央马克思恩格斯列宁斯大林著作编译局,译.北京:人民出版社,1974:406.

② 马克思,恩格斯.马克思恩格斯全集(第46卷)[M].中共中央马克思恩格斯列宁斯大林著作编译局,译.北京:人民出版社,1980:221.

③ 马克思,恩格斯.马克思恩格斯全集(第46卷)(下册)[M].中共中央马克思恩格斯列宁斯大林著作编译局,译.北京:人民出版社,1980:287.

④ 马克思,恩格斯.马克思恩格斯全集(第46卷)(下册)[M].中共中央马克思恩格斯列宁斯大林著作编译局,译.北京:人民出版社,1980:217.

马克思人学理论中得到了充分体现。马克思主义人学理论阐释了人的存在论，揭示了人的本质，并指出了人的全面发展的需求，构成思想育人的价值基础。从高校网络育人角度来讲，马克思主义人学理论成为探讨网络空间育人的道德发展、全面发展和人类解放的逻辑起点。

第一，马克思主义人学理论关于"现实的人"的论述，回答了"网络育人为什么能产生？有什么必要？"等问题。马克思、恩格斯指出："全部人类历史的第一个前提无疑是有生命的个人的存在。"①现实的个体具有自然属性，在自然属性的基础上发展出社会属性。因此，人是个体本能欲望和利益驱使的综合体。马克思认为，现实的个人是在一定的历史条件和物质生活条件下从事实践活动的人，从人和自然、人和自身、人和社会的三重关系而言，人的实践活动呈现为物质生产、人自身的生产和精神生产三个方面，其中物质生产是第一个前提。同时，这些活动又不是纯粹的个人行为，而是既分工又合作的彼此联结的社会性行为，"人们自己创造自己的历史，但是他们并不是随心所欲地创造，并不是在他们自己选定的条件下创造，而是在直接碰到的、既定的、从过去承继下来的条件下创造"。② 这样，"现实的人"得以使人自身成长发展的过程与人类社会历史发展的历程相适应，人类解放的理想目标不再是从抽象的人出发，单纯依靠人自身的"逻辑推演"就能够实现，而是要通过经济、政治、社会、思想文化的解放才能实现。③

网络具有虚拟性，"现实的人"在网络社会中通过字符、数字被虚拟化，但"现实的人"的现实性并未消解，"现实的人"是自然、社会与精神的存在，在网络社会中是一个综合的全方位的存在。"现实的人"在信息技

---

① 马克思，恩格斯.马克思恩格斯选集(第1卷)[M].中共中央马克思恩格斯列宁斯大林著作编译局，译.北京：人民出版社，2012:67.

② 马克思，恩格斯.马克思恩格斯选集(第1卷)[M].中共中央马克思恩格斯列宁斯大林著作编译局，译.北京：人民出版社，2012:565.

③ 马克思，恩格斯.马克思恩格斯选集(第1卷)[M].中共中央马克思恩格斯列宁斯大林著作编译局，译.北京：人民出版社，2012:567.

术创造的空间内进行生产生活,是形成"现实的人"的网络社会的物质性条件,而在网络社会中开展的教育也需要遵循既定的技术逻辑。在网络社会中,"现实的人"的交互关系也进一步彰显出人的社会属性,同时也加快了人的社会化进程,而这一进程的节奏如何把握,方向如何锚定,都需要网络育人发挥作用。

第二,马克思主义人学理论阐释的人的本质,回答了网络育人在人的自我实现上具有什么价值的问题。马克思主义运用具体的、多元的综合性论断,对人的本质做了深刻的探讨。首先,人的本质在自由自觉的劳动、活动中生成,"一个种的整体特性、种的类特性就在于生命活动的性质,而人的类特性恰恰就是自由的自觉的活动"①。马克思主义认为劳动创造了人,而且在劳动中人的自然属性、社会属性和精神属性发生"化学反应",自然属性制约着人劳动活动的时空,甚至会对社会属性的相对性边界产生根本性影响,但自然属性只有统摄于社会属性之中,才能够称为人的本质的内在组成部分,否则就与动物的自然性没有区别了。其次,人的本质是一切社会关系的总和。因为人从诞生之日起,就被置于特定的社会关系之中,一定的国家、种族、民族和家庭关系总要成为某个人生存发展的现实性条件和出发点。② 正如马克思所说:"人的本质不是单个人所固有的抽象物,在其现实性上,它是一切社会关系的总和。"③"人的存在是有机生命所经历的前一个过程的结果。只是在这个过程的一定阶段上,人才成为人。但是一旦人已经存在,人,作为人类历史的经常前提,也是人类历史的经常的产物和结果,而人只有作为自己本身的产物和结果

---

① 马克思,恩格斯.马克思恩格斯选集(第 1 卷)[M].中共中央马克思恩格斯列宁斯大林著作编译局,译.北京:人民出版社,2012:196.

② 唐登蕢.网络思想政治教育内化问题研究[D].成都:电子科技大学,2018.

③ 马克思,恩格斯.马克思恩格斯选集(第 1 卷)[M].中共中央马克思恩格斯列宁斯大林著作编译局,译.北京:人民出版社,2012:60.

才能成为前提。"①人通过社会关系确证自己,其中社会属性增长的过程,就是人内化社会规范的过程,就是社会规范的人格化过程。最后,人的本质在于人的需要和发展的客观诉求。马克思与恩格斯在解释人的需求方面认为,人的本质在于一切社会关系的总和,人的需求是各种社会关系的根本动因。

从马克思主义人学理论关于人的本质的具体内容的阐释来看,网络育人是满足虚拟世界中"现实的人"自我实现和发展的需要。

一方面,网络信息技术打破了时间和空间的限制,让人们的个性化学习、交互性学习、终身性学习成为可能。网络育人能够满足虚拟社会中"现实的人"持续发展的需要。网络本身很大程度上给予了人们一定的自由,人们的行为特点和思维方式也在网络社会中冲破了某些束缚。网络空间的人际交往也是广泛的,但根据马克思主义关于人的本质的论述,人的个性发展不能脱离社会的现实存在而处于一种完全自发的、无序的自由发展状态。网络的思想和行为活动需要有意识、有计划的引导,从而形成一种自觉。正是技术的创新促进了社会交往的变革,人们在交际互动中获得发展。网络育人就诞生在这种网络环境当中。由于人们在网络中的需求和发展不是一成不变的,因此需要网络育人不断应对新的环境,了解网络中"现实的人"的需求,运用科学方法提升网络中"现实的人"的思想道德修养,促进人的自我实现。

另一方面,人的本质的实现是综合性的自我实现,是内部结构性的整体实现。体能、智能、道德水平等共同构成了人的本质,其中思想道德素质是最根本的素质,是统摄其他素质的核心和灵魂。马克思曾经指出:"任何真正的哲学都是自己时代的精神上的精华,因此,必然会出现这样的时代:那时哲学不仅在内部通过自己的内容,而且在外部通过自己的表

---

① 马克思,恩格斯.马克思恩格斯全集(第26卷)[M].中共中央马克思恩格斯列宁斯大林著作编译局,译.北京:人民出版社,1974:545.

现,同自己时代的现实世界接触并相互作用。"①"思想政治工作最根本的目的和任务就是用人类历史上最先进、最科学的世界观、方法论去教育人、启发人,解决人的立场和思想问题,使人们从各种谬误和偏见中解放出来,不断提高认识和改造世界的能力。"②在网络环境下,需要网络育人中的教育者承担好引导、纠偏的教育责任。

第三,马克思主义人学理论分析了人全面发展的诉求,回答了网络育人中个体与社会发展协调统一的问题。马克思、恩格斯从批判人的发展的"异化"状况开始,分析了人的全面发展的内涵,在他们的"劳动异化"理论中能清晰地看出人应当如何破除私有制生产关系和资本主义社会的阶级关系造成的人与人相异化的严重对立。马克思指出了"劳动异化"的具体表现,通过分析人的实践活动及其规律在生产力和生产关系的矛盾运动中的地位及作用,提出了实现个人全面发展与社会全面进步高度一致的目标及其现实性路径。③ 正如马克思所指出的,"社会本身,即处于社会关系中的人本身……更新他们所创造的财富世界,同样地也更新他们自身"。④ 2018 年 5 月,习近平总书记在北京大学师生座谈会上提出,广大青年"要爱国,忠于祖国,忠于人民","要励志,立鸿鹄志,做奋斗者","要求真,求真学问,练真本领","要力行,知行合一,做实干家"。⑤ 对社会主义建设者和接班人提出了基本要求,要求青年大学生不仅要有坚定的理想信念,还需要有优秀的道德品质,不仅要有丰富的学识积累,还要有过硬的真本领,这些要求体现了青年人自我发展和自我实现与历史责

---

① 马克思,恩格斯.马克思恩格斯文集(第 1 卷)[M].中共中央马克思恩格斯列宁斯大林著作编译局,译.北京:人民出版社,2009:220.

② 中共中央文献研究室.十三大以来重要文献选编(中)[M].北京:中央文献出版社,2011:455.

③ 唐登蕓.网络思想政治教育内化问题研究[D].成都:电子科技大学,2018.

④ 马克思,恩格斯.马克思恩格斯文集(第 8 卷)[M].中共中央马克思恩格斯列宁斯大林著作编译局,译.北京:人民出版社,2009:204.

⑤ 习近平:在北京大学师生座谈会上的讲话[EB/OL].(2018-05-03)[2021-12-20]. https://news.12371.cn/2018/05/03/ARTI1525301071118866.shtml.

任担当的高度契合。

当前,随着网络社会的发展,个体在网络社会中生存也逐渐趋于原子化的状态,有别于工业社会中人与人之间社会关系的紧密和相互依赖。在网络时代,人与人的社会互动逐渐变得独立,依赖性和关联性降低。从社会层面观之,信息技术的进步驱动着社会的发展,然而信息技术迭代的速度远远赶超文明道德领域的革新发展,原本人的精神解放与道德发展理应同步于社会科技水平和人的实践能力,而现阶段却出现了追赶不及甚至倒退落后的状态,在一定程度上体现出网络育人供给侧不足的问题。人们对科学文化的渴望、对思想道德素质的培养、对自身身心健康的了解、对文化艺术的向往,这些需求的实现在一定程度上有赖于网络育人在功能定位、价值目标以及优势特色上兑现人们的诉求。2016 年 4 月,习近平总书记在网络安全和信息化工作座谈会上强调,"网络空间天朗气清、生态良好,符合人民利益。网络空间乌烟瘴气、生态恶化,不符合人民利益"。① 从某种意义上来讲,网络社会的进步与网络社会中生存着的"现实的人"同属于命运共同体,而人的自由全面发展是社会发展的理想目标。当前,网络育人需要深刻研究网络生存中"现实的人"的思想规律与特征,了解其关注的现实的热点、思想的痛点、成长的拐点,通过高校网络育人工作,实现立德树人教育目标,完成"培养担当民族复兴大任的时代新人"历史使命。

3.马克思主义意识形态理论明确了高校网络育人的方向

马克思、恩格斯在《德意志意识形态》一书中专门提到了"意识形态"一词,其中马克思把意识形态作为"观念的上层建筑"进行论述。高校思想政治教育的核心问题就是做好意识形态工作,中共中央办公厅、国务院办公厅印发的《关于进一步加强和改进新形势下高校宣传思想工作的意

---

① 习近平主持召开网络安全和信息化工作座谈会强调 在践行新发展理念上先行一步 让互联网更好造福国家和人民[EB/OL].（2016-04-19）[2021-12-20]. https://news. 12371.cn/2016/04/19/ARTI14610545566744363.shtml.

见》强调指出,"意识形态工作是党和国家一项极端重要的工作"。可见,意识形态工作决定着高校网络育人方向。

第一,马克思主义意识形态理论揭示了网络育人的社会存在基础及其辩证关系。马克思主义认为,社会存在决定社会意识,社会存在是第一性的,社会意识是第二性的,社会观念或思想形成的意识形态属于上层建筑,是当时社会经济状况的产物,同时又随着社会经济基础的发展变化而发展。马克思、恩格斯指出,"历史过程中的决定性因素归根到底是现实生活的生产和再生产"[①],"一个阶级是社会上占统治地位的物质力量,同时也是社会上占统治地位的精神力量。支配着物质生产资料的阶级,同时也支配着精神生产资料"[②]。马克思与恩格斯解释了生产力与交往形式的辩证关系,指出了社会历史的发展、社会形态的演变规律。马克思、恩格斯认为,"我们的出发点是从事实际活动的人,而且从他们的现实生活过程中还可以描绘出这一生活过程在意识形态上的反射和反响的发展"[③],提出了"不是意识决定生活,而是生活决定意识"[④]这一经典概括,并进一步指出社会意识的相对独立性及其能动的反作用,"经济上落后的国家在哲学上仍然能够演奏第一小提琴"[⑤],"对实践的唯物主义者即共产主义者来说,全部问题都在于使现存世界革命化,实际地反对并改变现存的事物"[⑥],从而完整论述了社会意识形态与经济基础的关系,影响

---

① 马克思,恩格斯.马克思恩格斯选集(第4卷)[M].中共中央马克思恩格斯列宁斯大林著作编译局,译.北京:人民出版社,2012:8.

② 马克思,恩格斯.马克思恩格斯选集(第1卷)[M].中共中央马克思恩格斯列宁斯大林著作编译局,译.北京:人民出版社,2012:98.

③ 马克思,恩格斯.马克思恩格斯文集(第1卷)[M].中共中央马克思恩格斯列宁斯大林著作编译局,译.北京:人民出版社,2009:525.

④ 马克思,恩格斯.马克思恩格斯文集(第1卷)[M].中共中央马克思恩格斯列宁斯大林著作编译局,译.北京:人民出版社,2009:525.

⑤ 马克思,恩格斯.马克思恩格斯选集(第4卷)[M].中共中央马克思恩格斯列宁斯大林著作编译局,译.北京:人民出版社,2012:704.

⑥ 马克思,恩格斯.马克思恩格斯文集(第1卷)[M].中共中央马克思恩格斯列宁斯大林著作编译局,译.北京:人民出版社,2009:527.

深远。①。由此可见,马克思运用了历史唯物主义基本原理对意识形态进行论述,阐明了社会存在与社会意识的辩证关系,对于思想政治教育有极其重要的意义。

网络育人作为一种育人的方式和媒介,其育人的效率也会受到社会大环境、学校小环境等的影响,被社会存在作用,同时又反作用于社会存在。毛泽东指出:"认清中国的国情,乃是认清一切革命问题的基本的根据。"②在我国社会主义初级阶段,研究当前我国社会的主要矛盾,即人民日益增长的美好生活需要和不平衡不充分的发展之间的矛盾,应自觉遵循马克思主义关于社会存在与社会意识的辩证关系原理,把握网络社会中人们生存发展的现实规律,构建育人载体和平台,牢牢把握意识形态生命线。

第二,马克思主义意识形态理论揭示了网络育人的地位、作用与功能。思想政治工作具有时代的烙印,具有政治属性,需要主动推动国家民族意识内化为人们的信念。马克思和恩格斯指出:"统治阶级的思想在每一个时代都是占统治地位的思想。"③中国共产党将思想政治工作作为生命线,重视思想建党、理论强党。历史和现实反复证明,能否做好意识形态工作,事关党的前途命运,事关国家长治久安,事关民族凝聚力和向心力。2016年12月,习近平总书记在全国高校思想政治工作会议上强调,"我国高等教育发展方向要同我国发展的现实目标和未来方向紧密联系在一起"④。

在新的历史时期,高校网络育人必须遵循马克思主义意识形态理论

---

① 毛泽东.毛泽东文集(第8卷)[M].北京:人民出版社,1999:320.

② 毛泽东.毛泽东选集(第2卷)[M].北京:人民出版社,1991:633.

③ 马克思,恩格斯.马克思恩格斯文集(第1卷)[M].中共中央马克思恩格斯列宁斯大林著作编译局,译.北京:人民出版社,2009:550.

④ 习近平在全国高校思想政治工作会议上强调 把思想政治工作贯穿教育教学全过程 开创我国高等教育事业发展新局面(2016-12-08)[2021-12-21]. https://news.123 71.cn/2016/12/08/ARTI1481194922295483.shtml.

的基本原理,践行党的理论,与党和国家事业发展方向保持一致。网络育人与高校网络育人均强调政治属性,教育的根本任务是立德树人,在充分尊重受教育者的基础上,主动占领教育的主动权,通过宣传社会主义核心价值观、党和国家的大政方针,讲好中国故事、传播中国声音。

第三,马克思主义意识形态理论提供了网络育人的方法。马克思主义认为,社会主义意识不可能在工人运动中自发产生是由历史形成的社会分工所决定的。由于工人阶级存在对社会存在认识的局限性,很难开展思想理论研究,并形成科学的理论体系,而思想家表达着所在阶级的思想价值。马克思、恩格斯指出:"分工也以精神劳动和物质劳动的分工的形式在统治阶级中间表现出来,因此在这个阶级内部,一部分人是作为该阶级的思想家出现的"。[①]

社会主义意识灌输理论明确了思想政治教育的地位和作用。开展网络育人,也需要创造性地运用灌输理论,运用新媒体技术、新媒体平台,创新宣传内容,把握灌输规律和技巧,促进灌输效果,从受众被动接收灌输到理论自觉、素质自觉,达到网络育人的目的。

马克思主义强调要坚持意识形态的真理性。马克思主义就是在批判旧世界观中,在与各种错误思想倾向的论战中,不断发展起来的。马克思和恩格斯严厉地驳斥了资产阶级对无产阶级革命和社会主义的种种污蔑,对形形色色的社会主义思潮进行了分析和批判。[②] 党的十九大报告指出,"任何贪图享受、消极懈怠、回避矛盾的思想和行为都是错误的。全党要更加自觉地坚持党的领导和我国社会主义制度,坚决反对一切削弱、歪曲、否定党的领导和我国社会主义制度的言行"。马克思主义意识形态理论的创立和发展过程中始终坚持对错误社会思潮进行批评的优良传统表明,马克思主义科学理论是一个开放包容的理论体系,其

---

① 马克思,恩格斯.马克思恩格斯选集(第1卷)[M].中共中央马克思恩格斯列宁斯大林著作编译局,译.北京:人民出版社,2012:99.

② 编写组.马克思主义发展史[M].北京:高等教育出版社,人民出版社,2013:63.

内置容错和纠错的机制,进而在与时代精神和具体实际的结合中不断与时俱进。

在历史发展方位之中,我国的网络育人承担着意识形态领域斗争的艰巨任务和时代使命,高校网络育人的环境更加复杂、形势更加严峻。因此,高校网络育人应该帮助青年群体弘扬社会主义核心价值观,传递正能量,讲好中国故事,传播中国声音。

马克思主义意识形态理论强调网络育人的重点领域和对象。十月革命一声炮响为中国送来了马克思主义,中国共产党通过开展思想政治教育活动推动了思政理论的发展,土地革命和武装斗争的实践、人民军队的思想政治教育经验上升为理论。社会主义建设时期更是在面对新的世情、国情、党情中不断加强和改进思想政治教育。对于高校网络育人而言,我们"不能用今天的时代条件、发展水平、认识水平去衡量和要求前人,不能苛求前人干出只有后人才能干出的业绩来"①。高校要注重挖掘和表达马克思主义中国化进程中的历史逻辑和实践逻辑,将优良传统和时代精神有机地融合在一起,以点带面、层层推进,始终面向广大人民群众,从而提高网络思政工作的实效。②

习近平总书记在纪念马克思诞辰 200 周年大会上的讲话中指出:"学习马克思,就要学习和实践马克思主义关于文化建设的思想……先进的思想文化一旦被群众掌握,就会转化为强大的物质力量;反之,落后的、错误的观念如果不破除,就会成为社会发展进步的桎梏。"③高校网络育人必须以马克思主义意识形态理论为基本理论基础,必须注重将马克思主义理论、社会主义核心价值观、社会主义先进文化融入高校网络育人的内容和过程。

---

①　习近平.在纪念毛泽东同志诞辰 120 周年座谈会上的讲话[N].人民日报,2013-12-27(2).

②　唐登蓥.网络思想政治教育内化问题研究[D].成都:电子科技大学,2018.

③　纪念马克思诞辰 200 周年大会在京举行 习近平发表重要讲话[EB/OL].(2018-05-04)[2021-12-21].https://news.12371.cn/2018/05/04/ARTI1525426473252178.shtml.

二、教育学理论

1.主体性教育理论

瑞士心理学家皮亚杰提出,认识是一种以主体已有的知识和经验为基础的主动建构的过程,学习者不是被动地接受知识,知识不是通过教师传授获得,而是学习者在一定的情境下,借助已有的知识和经验,积极交流,主动探索,通过意义建构的方式而获得的。[①]

教育是一项有组织、有目的地在计划内控制实施的活动,教育活动的功能是在认识和改造客观物质世界的基础上,将通过长期的生产实践和社会生活经验总结出的智慧和科学、规律和价值、思想与行为、规范与约束等传递给受教育者,使其在认识和改造客观世界的过程中提高效率,在个体发展过程中少走弯路,成为社会历史活动的主体和主人。主体性教育理论认为:在教育过程中,教育者虽然受过专门的训练,具有专门的文化科学知识和思想道德修养,拥有较高的教育技能、技巧,受社会的委托,代表一定的社会,并把系统的、科学的教育影响作为教育活动的手段,引导受教育者发生合乎目的的变化[②],但在这个过程中,教育者只能起主导作用,并且教育者的主导作用是有条件的。首先,教育者的引导、启发对受教育者的影响是长远且深刻的。教育者需要具有深厚的学识,并且根据受教育者的个体情况,开展对自身所学知识的再次加工,运用合理的手段和方法,以受教育者最容易接受的方式将知识传递出去,并且进一步跟进被教育者的接受情况,促进他们的身心发展。其次,教育者的主导作用也必须符合受教育者的身心发展水平,符合受教育者的心理、思想需要,

---

① 让·皮亚杰.发生认识论原理[M].王宪钿,等译.北京:商务印书馆,1981:53-59.

② 黄崴.关于教育主体与客体问题的探讨[J].河南师范大学学报(哲学社会科学版),1991(4):145-148.

诸如教育目的的制定,教育内容的选择,教育方法、手段的使用等,都要根据受教育者的身心发展水平来确定。因此,只有发挥受教育者的主观能动性,调动其主动性、主体性、创造性,才能实现教育的育人目的。

在我国,主体性教育理论的形成和发展可分为 3 个阶段:第一阶段,关于教育主客体关系和教育活动中师生关系的研究。第二阶段,关于"教育与人关系"的探讨①,主要围绕教育的价值取向、教育出发点和学生主体性等问题展开讨论与研究。第三阶段,主体性教育思想和教育主体性的提出。主体性教育思想、理论对于以网络媒介为传播途径的网络思想政治教育具有十分重要的指导意义。② 首先,利用主体教育理论选择网络育人内容,有利于教育者树立起主体性教育的意识、观念。网络育人作为一种有目的、有计划、有组织的培养社会主义建设者和接班人的教育活动,在选择网络育人内容时,应充分结合网络受众的身心、思想发展水平。其次,坚持运用主体性教育理论,可以发挥网络育人受众的主体性作用。网络育人属于传播教育的一种类型,是以网络为媒介,即通过人机对话方式传播思想政治教育内容信息,实现教育目的的。因此,在接受信息上,高校要充分发挥网络思想政治教育受众的主体性作用。

2.教育信息理论

教育信息理论是发端于信息对社会产生的巨大影响,通过探索信息对教育的作用而形成的一种新型的教育理论。它以信息观为基础,以教育活动为研究对象。按照信息在教育中的作用,可以将教育信息分为 5 种类型,即教育内容信息、教育控制信息、教育科研信息、教育管理信息、

①　姚巧斌.高中生物实验探究教学与学生主体性发展研究[D].福州:福建师范大学,2003.

②　孙帮寨.意识形态视域中的思想政治教育及其变革[D].徐州:中国矿业大学,2010.

教育社会信息。[①] 教育内容信息主要指研究内容信息采集、整理、传递的原则、方法、优化等技术及原理;教育控制信息即教学信息和学生的反馈信息,如教师的指令等;教育科研信息主要记录的是教育成果和现状;教育管理信息主要指教育系统管理中信息的储存和流动的信息;教育社会信息是反映教育系统外部环境状态的信息,它不是一般的社会信息,而是反映社会上对教育系统的生存与发展有影响的事物信息。

(1)在教育过程中应注重内容信息的收集、整理及传递等工作。网络育人是一门思想性、政治性很强的学科,在网络思想政治教育内容的信息收集、整理上要注重其思想性和政治性,应围绕思想政治教育的目标选择内容信息。

(2)在教育传播过程中应提高有效信息的传播强度,增强对教育信息的接受和记忆。一般来说,信息强度大,传播效果好,记忆效果就好;反之强度小,记忆效果就差。决定信息强度有三个方面:概率较小的事件,信息强度大,如一些重大国际、国内新闻事件;人们感兴趣的事件,信息强度大,如一些国内重大经济、政治、文化的政策调整和改革的信息,都会产生较大的信息强度;有关人们所追求的事物,信息强度大,如有关人们所追求的理想和信念等信息,其强度也会较大。

(3)在网络上传播教育信息时,要注重选择有用的信息,减少干扰的信息。减少无用的信息对有用信息的传播干扰的方法,就是设法减小表现干扰信息的物质特征数,将信息变得简洁和富有规则,运用新媒体技术,增强信息的传播力。

(4)网络教育过程就是信息传递的过程,教育信息有效地传播给受众,并被受教育者内化为思想、外化为行为,才能达到网络思想政治的目的。网络受众这种良好的信息接受状态,一般是难以自发形成的,需要在思想政治教育主体(即教育者)的影响下实现,要使网络受众形成一种适

---

① 谢兴勇.基于功能模块的环境工程专业资源库的设计与开发[D].广州:广东工业大学,2006.

于接受思想政治教育信息的良好状态,需要思想政治教育者以某种方式作用于网络受众,使网络受众向着思想政治教育者所希望的状态转化,直至达到这个状态。

3.解放教育理论

解放教育理论是由巴西教育学家保罗·弗莱雷提出的,他提倡"被压迫者教育学",认为教育应唤起受教育者的觉醒,使他们认识到自己在历史创造与发展过程中的主体性。[①] 他指出在资本主义社会里,由于教育过于着重以知识、技能为本,已经沦为替统治阶级所倡导的政治经济体制服务的工具,从而忽略了批判性思考及改造行动。他强调在教育过程中对教育的批判性思考、教育方式的对话式教学、尊重教育中教师和学生的主体性等的重要性。

简单地说,基于"自由"与"创意"的解放教育学,其最重要的特征表现在三个层面上:第一,提问式的、对话式的师生互动关系;第二,教学内容与被压迫情境及生活经验的联结;第三,理论与行动的结合。

所谓提问式教育(problem-posing education),就是否认人是抽象的、孤立的、与世界没有关联的,也否认世界是脱离人而存在的现实,师生双方处于一种对话的关系之中,从人与世界的关系出发,针对现实中的问题,共同反思,共同采取行动,以达到认识世界、改造世界的目的。[②] 弗莱雷对于传统的灌输式教育有很多批评,并将它比喻为一种为"体制"服务的囤积式教育(banking system):教育犹如客户到银行所进行的存款行为。其中,教师是存款者,只需将制式的知识放入学生的账户中,教育过程便告结束;而学生则只需接受、背诵、牢记在心,学习过程便告结束。提问式教育改变了灌输式教育的特征,弗莱雷通过对两者的比较,发现在教

---

① 保罗·弗莱雷.被压迫者教育学 30 周年纪念版[M].顾建新,等译.上海:华东师范大学出版社,2001:56.

② 田友谊.教育即解放——试析保罗·弗莱雷的"解放教育学"[J].外国教育研究,2004(4):9-13.

育观念和做法方面,两者是相互抵触的。灌输式教育是无法激励学生的,相反地,它会阻碍人们产生好奇心和创意以及探索。学生被要求机械地背诵知识。在批判的教育观点下,学生要面临探索知识的挑战。教师应成为引发学生思考的协助者,当学生不断被问及其生活世界为何、其与世界的关系为何时,他会逐渐感到被挑战,同时要对此挑战作出回应。在充满爱、谦逊、希望、诚实和信赖的情境里,师生共同建构对世界的认识与理解,学生不再是温顺的聆听者,而是成为与教师对话、具批判能力的共同探究者。

弗莱雷指出,教育应该具有对话性。对话,不仅仅是交流、谈话,它的精髓在于它的构成要素:反思与行动(reflection and action)。这两个方面相互作用,如果牺牲了一方——即使是部分地牺牲——另一方马上就受到损害。反思被剥离了行动,对话只会是空话(verbalism)、废话;行动被剥离了反思,对话只会是行动主义(activism)。在这两种情况下,对话都不可能实现,教育也就不可能走向真正的解放。对话,作为一种与灌输式教育相对的教育方式,不会自然而然地产生;对话,作为一种手段,必须服从意识化的目的,即培养人的批判性意识;对话是一种创造行为,不应成为一个人控制另一个人的狡猾手段。但是,对话的展开,并不是一件容易的事情,需要一定的条件,即爱的倾注、谦虚的态度、对人的信任、充满希望以及进行批判性思维。对话的目的,是对现实进行不断改造,是不断实现人的社会化。没有对话,就没有交流;没有交流,也就没有真正的教育。建立真正平行(水平)的对话关系,需要经历一个长期而艰难的过程。因为对话文化行动一旦展开,处处可见反对话文化行动的阻碍。这两种文化行动的对立,再现了统治与解放的对立。①

意识化是弗莱雷解放教育理论的核心,是贯穿其教育思想的红线。

---

① 保罗·弗莱雷.被压迫者教育学 30 周年纪念版[M].顾建新,等译.上海:华东师范大学出版社,2001:56.

意识化是一个历史的过程,始终与社会现实息息相关。弗莱雷借用贾斯帕斯(Jaspers)和阿尔瓦罗·平托(Alvaro V. Pinto)等人提出的"有限境况"(limit-situations)概念来说明批判意识的形成,并把人的意识按由低级到高级的顺序区分为四个层次,即非转移意识(intransitive consciousness)、半转移意识(semi-transitive consciousness)、幼稚的转移意识(native-transitive consciousness)和批判性意识(critical consciousness)。其中,批判性意识是意识的最高级,具有对问题深刻理解、反对逃避责任等特点。弗莱雷所说的"意识化",就是通过教育培养人的批判性意识。所谓批判性意识,就是"人作为知识的主体,而不是被动的受体,对于形成他的生活的社会文化现实及其改变现实之能力的深刻意识"。弗莱雷关于批判性意识的分析,源于以下信念,即无论一个人有多么无知,也无论一个人被"沉默文化"淹没得有多深,他都可以通过与别人的对话接触来批判性地看待这个世界。在上述四个意识中,只有批判性意识才是与现实结合在一起的,而其他三种意识则是超现实的。在批判性意识的形成(唤醒)过程中,教育起着关键性的作用。因此,教育必须置于社会现实之中,按照现实的条件(有限境况)来确定所需的教育(有限行动)。为此,弗莱雷提出了以下几种方法:①用积极的、对话的、批判的方法;②用改变教育内容的设计方法;③用浓缩和组合的技术。①

弗莱雷认为,在教育过程中,教师不能过于加强对学生的管理,但也不能放任不管。教育者要创造一个让人们批判地阅读世界与阅读文字的环境,以达成"赋能"及"批判意识觉醒"的目标,认为学习者需要被灌输解放思想,或是学习者会自发地拥有批判能力,都是天真的想法。提问式、对话式教育反对精英主义"由上而下"的教育模式,强调教育里的赋能关系,希望人民成为学习的主体,发展自我的能量,以具体展现在"批判意识觉醒"中。批判意识觉醒有三个层面的重要意义:第一,了

①　田友谊.从"讲解"到"对话"从"储蓄"到"解放"——弗莱雷"解放教育理论"对幼儿教育的启示[J].幼儿教育,2005(10):54-56.

解人与世界的关系;第二,了解人与人之间的关系;第三,发起改造世界与社会的行动。所以,弗莱雷非常重视理论与实践的结合,他提出的"对话"包含两个方面:第一,学习者与抽象理论对话;第二,人与行动的对话,换言之就是行动与反思直接永无止境地对话。他更强调的是行动以变革社会,"作为一名教育者,应该言行合一,不只是叙说那些公义的事情,也要具体实践那些公义的观点",因为"批判意识是诞生于具体的实践的"。

三、与网络育人相关的其他理论

(一)传播学理论

1."5W"模式与拟态环境

在网络社会中,人们凭借语言符号或非语言符号,通过特定的媒介和渠道,直接或间接地传递和交流信息、意见、思想及感情。1948 年,美国拉斯韦尔提出"5W"模式,亦称"拉斯韦尔线性模式"。"5W"模式是:谁(Who);说什么(Says What);通过什么渠道(In Which Channel);对谁(To Whom);取得什么效果(With What Effects)。[①] 在传播的过程中,信息的接受者,也可能称为信息的传送者;信息的传送者,也可能称为信息的接受者。信息在传送者和接受者之间反复循环传播,使得传播路径更加复杂,传播效果被反复扩大。循环模式,更加符合当前的网络信息化社会的特性,特别是网络中的信息的重复传播和叠加。

高校网络育人是网络传播与高校思想政治教育的有机结合。网络育人的过程是思想政治教育信息的输入、传播、获取与反馈的过程,包括传播者、媒介、信息、受众、效果、反馈等基本要素。

---

① 哈罗德・拉斯韦尔.传播在社会中的结构与功能[M].何道宽,译.北京:中国传媒大学出版社,2013:58.

2."沉默的螺旋"理论

德国学者伊丽莎白·诺艾尔-诺依曼专注于个体环境压力对于个体行为影响的研究。受 1965 年德国大选的启发,她开始思考并研究,她认为,"对周围意见的认知"所带来的压力改变了人们最终投票的决定。此后,她反复研究"意见气候"和"多数意见"压力对个人产生的影响,1974年,她发表论文《沉默的螺旋:一种舆论学理论》,提出了"沉默的螺旋"这一概念。1980 年,她的著作《沉默的螺旋:舆论——我们的社会皮肤》出版,书中对这一理论进行了整体表述。

"沉默的螺旋"理论在网络时代依然盛行,主要基于以下几个方面:在网络传播中,我们并没有足够的证据证明从众的压力的不存在,同样没有证据证明那些本性中缺乏个人见解、喜欢追随别人的人可以通过网络中所谓的匿名交流而改变自己的本性。另外,长久的社会及群体压力带来的个人从众行为,往往会内化成人们性格中的一部分,使这种从众行为成为一种潜意识的惯性行为。①

从实际情况来看,网络中的调查结论有时候也会偏离常规。这是因为人们在网络信息面前,更倾向于浏览,而非仔细阅读,进行思考,进而发表言论。

在网络空间中,沉默的螺旋(沉默的螺旋是一个传播学理论,而这一理论建立在人的社会从众心理和趋同行为的基础之上,本质上是个体对孤立的恐惧)会因为一方沉默,另一方畅所欲言而越发明显。网络中的个体表达受到个体受教育程度、个人主观判断、思想立场等复杂因素的影响,往往出现并非客观、公正、理性的观点,甚至出现故意歪曲事实、混淆视听、散布谣言等现象,有碍于普通网民辨别真假、去伪存真。不表达观点的个体在网络中浏览信息往往是一看而过,保持沉默,这就会出现沉默螺旋扩大的现象。

---

① 伊丽莎白·诺尔-诺伊曼.沉默的螺旋:舆论——我们的社会皮肤[M].董路,译.北京:北京大学出版社,2013:25.

3."把关人"理论

"把关人"又称"守门人","把关人"（gatekeeper）概念最早是美国社会心理学家、传播学奠基人之一库尔特·卢因在研究群体中的信息流通渠道时提出的。1947年,卢因在《群体生活的渠道》一书中系统论述了这个问题,他认为在群体传播过程中存在着一些把关人,只有符合群体规范或者把关人价值标准的信息内容才能引入传播管道。20世纪50年代,美国传播学者大卫·怀特将这一概念引入新闻研究领域。他认为,大众传媒报道新闻不是也不可能"有闻必录",而是一个取舍选择的过程。在这个过程中,传播媒介形成一道关口,通过这个关口传达给受众的新闻或者信息只是少数。① 把关的标准是新闻信息的客观属性、专业标准和市场标准、媒介组织的立场和方针。我们可以简单地认为,把关人就是信息的筛选人,其在大众传媒中的作用和功能表现在检查功能、加工功能、评价功能、导向功能、桥梁功能上。我们可以认为,把关人包括三种人,即信息的接受者、守门者、传播者,贯穿传播的始终。随着时代的发展,把关人可以从把关内容发展到把关主体、把关流程、把关标准。

在信息传播的过程中,把关人的作用的实现有赖于议程的设置。议程设置是大众传播的重要社会功能和效果之一。20世纪70年代,美国传播学者麦克姆斯和肖通过实证研究发现,在公众对社会公共事务中重要问题的认识和判断与传播媒介的报道活动之间,存在着一种高度对应的关系,即传播媒介作为大事加以报道的问题,同样也作为大事反映在公众的意识中;传播媒介强调得越多,公众对该问题的重视程度越高。根据这种高度对应的相关关系,麦克姆斯和肖认为大众传播具有一种形成社会"议事日程"的功能,传播媒介以赋予各种议题不同程度显著性的方式,影响公众关注的焦点和对社会环境的认知。后来也有一些学者对报纸、

---

① 马廷魁.社会化媒体背景下的编辑定位[J].新闻世界,2013(3):34-35.

广播、电视等不同媒介的议程设置功能的特点进行了探讨。传媒的新闻报道和信息传达活动以赋予各种议题不同程度的显著性的方式，影响人们对周围世界的大事及重要性的判断。

议程设置的主要观点有：

（1）大众媒介往往不能决定人们对某一事件或意见的具体看法，但是可以通过提供信息和安排相关的议题有效地引导人们关注某些事实和意见，以及他们对议论的先后顺序，新闻媒介提供给公众的是他们的议程。

（2）大众传媒对事物和意见的强调程度与受众的重视程度成正比，议程设置理论强调，受众会因媒介提供议题而改变对事物重要性的认识，对媒介认为重要的事件首先采取行动。

（3）媒介议程与公众议程对问题重要性的认识不是简单的吻合，而是与其接触传媒的多少有关，常接触大众传媒的人的个人议程和大众媒介的议程具有更高的一致性。

（4）不仅关注媒介强调哪些议题，而且关注这些议题是如何表达的，对受众的影响因素除了媒介所强调的议题外，还包括其他因素，例如态度和行为这两种因素。

议程设置的作用主要包括以下几个方面：

（1）传播效果分为认知、态度和行动三个层面，议程设置功能假说着眼于完整意义上的效果形成过程的最初阶段，即认知层面上的效果。

（2）议程设置功能考察的整体的大众传播具有较长时间跨度的一系列报道活动所产生的中长期的、综合的、宏观的社会效果。这里着眼于传播媒介的日常新闻报道和信息传播活动所产生的影响。

（3）议程设置功能暗示了传播媒介是从事环境再构成作业的机构。议程设置的"0/1"效果、"0/1/2"效果和"0/1/2/n"效果三个传播效果中，"0/1"效果指的是大众传媒报道或不报道某个议题，会影响到公众对少数议题的感知；"0/1/2"效果指的是媒介对少数议题的突出强调，会引起公众对这些议题的突出重视；"0/1/2/n"效果指的是传媒对一系列议题按照一定的优先顺序所给予的不同程度的报道，会影响公众对这些议题的重要性顺序所作的判断。

议程设置理论从考察大众传播在人们环境认知过程中的作用入手，重新揭示了大众传媒的有力影响，为效果研究摆脱"有限论"的束缚起了重要的作用。议程设置理论对详细考察传媒的舆论导向过程具有一定的启发意义，为人们认识传播与社会提供了一个新的角度。

（二）心理学理论

1.需求理论

需求理论有许多学派，如马斯洛的需要层次论、麦克利兰的成就需要理论、赫茨伯格的双因素理论等。其中，马斯洛的需要层次论最有影响力。马斯洛是美国心理学家，他从个人的需要出发，提出个人需要层次理论，他认为人有五种基本需要，从低到高依次为生理需要、安全需要、归属与爱的需要、尊重需要、自我实现需要。一般来说，当低层次的需要满足后，才有可能提出高层次的需要，但有时在同一时期内，可能有几种需要，受多种需要支配，但其中一种是占支配地位的。自我实现需要是个人最高层次的需要。[①] 马斯洛需要层次理论，从个体需求心理形成的角度，反映了人从幼儿到少年，再到青年的心理发育过程。因此，需求理论不仅符合个体需求心理的发展规律，而且在客观上也揭示了社会心理的历史发展规律，这对于加强和改进网络育人具有一定的借鉴意义。

首先，网络育人需要合理引导网络受众正确处理个人需要和社会需要的关系。网络育人在引导个人需要和社会需要的关系方面，主要针对个体不合理、不切实际、违背个体成长规律和社会发展的需求，通过占领网络舆论阵地和新媒体途径，扩展个体认知，使个体对于世界观、人生观、价值观的认知不局限于自我层面；通过支持个体合理的、理性的、科学的、

---

① 马斯洛.自我实现的人[M].许金声,刘锋,等译.北京:生活·读书·新知三联书店,1987:45.

符合规律的诉求,给予其方法层面的指导;通过调整教学方法,为个体提供可行方案、可操作方法、可借鉴案例。其次,网络育人的内容形式、方法必须符合网络育人受众的心理,符合教育对象的成长规律和知识获取习惯。需求理论为我们提供了思路:只有满足需要,才能调动潜能,将这种潜能变为网络受众参与和浏览育人网站的动机。只有不断地迭代更新,不断贴合用户需求,才能够在数字信息化不断发展的今天,使教育对象获得更多的时间。最后,引导教育对象追求更高的精神层面的需要。马斯洛需要层次理论认为人的最高需要是自我实现的需要。在满足低层次生理心理需要的基础上,会产生更高层次的需要。而自我实现不仅表现在收获物质、得到身心满足,更表现在拥有更高的精神层面的追求,树立崇高理想信念,将个人成长融入祖国和社会的发展,为集体和国家的强大贡献力量等。由此,网络育人应该指引教育对象,激发其强大的个人潜力,持久性地激发其动力,培养具有大局观、有担当精神和使命感的社会主义建设者和接班人。

2.动机系统理论

苏联学者彼德洛夫斯基提出了动机系统理论。他认为,人的动机激发了人的活动。复杂的活动是由几种同时起作用和相互影响的动机推动的,这些动机构成多分支的动机系统。动机系统由兴趣、信念、意图、意向各部分构成,前三者都是被意识到的动机,而意向则是没有被意识到的动机。它一旦出现,或立即消失,或转化为意图。后来,他又提出了动机圈理论,认为动机是一个人个性的中心,如果把一个人的个性视作一个圆,则动机占这个圆的中心部分,即动机圈;一个人的动机圈,包括各种水准的动机——兴趣、信念、意图(企图、幻想、追求、理想)和意向;在一个人的动机圈里,核心的部分是信念和理想,一个人的其他个性因素只有转化为动机,才能变为行动。

彼德洛夫斯基动机系统理论和动机圈理论,对于网络育人具有重要的借鉴意义。首先,网络育人要充分认识到网络受众的各种动机并不是孤立存在的,而是相互联系的一个完整系统。① 因此,在分析网络受众动机时,不能片面地、孤立地看问题,而要分析整个动机系统,即分析兴趣、信念、意图(企图、幻想、追求、理想)、意向诸方面的特点,从而把某个动机置于这个系统中,评估其处于何等地位,以了解该动机的重要性。其次,人的每一个动机都反映了他的动机系统。因此,在分析网络受众某个动机时,可以推测此人动机系统的特点,因为任何动机都是在动机系统的统一指挥下产生的,即由点可以推广到面。最后,利用动机系统的每个构成成分的功能,充分调动受教育者的兴趣。兴趣是动机系统的一个成分,当受众群体从事感兴趣的活动时,常会感到快乐。

研究表明,满意的心理不易使人疲劳,能让人精神振奋。在实施网络育人时应结合网络受众的兴趣。信念的表现形式就是世界观,这是更高层次的动机。追求也是一种强度很大的动机,具有不可战胜的力量,它可以在相当长的时间里始终不变地指导人们的思想和行为。

---

① A.B.彼得洛夫斯基等.集体的社会心理学[M].卢盛忠,龚浩然,张世臣,译.北京:人民教育出版社,1985:67.

第三章 新时代高校网络育人的意义、目标和经验

第一节 新时代高校网络育人的意义

随着互联网信息技术的兴起和发展,网络育人成为一种新型的育人模式,它通过将网络和育人相结合,提高思想政治教育的新实效。网络育人是高校教师以网络为中介,围绕立德树人根本任务,通过开展思想政治教育,把大学生培养为全面发展的社会主义建设者和接班人的育人模式。

做好高校思想政治工作,要因事而化、因时而进、因势而新。要以教育信息化带动教育现代化,把教育信息化纳入国家信息化发展整体战略,加快教育信息基础设施建设,超前部署教育信息网络,加强优质教育资源开发和应用,构建国家教育管理信息系统,建成覆盖城乡各级各类学校的教育信息化体系,促进优质教育资源普及共享,加快全民信息技术普及和应用。2000年,教育部颁发了《关于加强高等学校思想政治教育进网络工作的若干意见》,这是关于高校网络思想政治工作的重要指导性文件,其强调了网络思想政治教育的紧迫性。2004年,中共中央、国务院下发了《关于进一步加强和改进大学生思想政治教育的意见》,强调新形势下主动占领网络思想政治教育主阵地的重要性。

2017 年,国务院印发的《国家教育事业发展"十三五"规划》指出,"积极发展'互联网＋教育'""优化校园育人环境""改善社会育人环境""构建教育诚信环境""建立科学评价体系""协同营造良好育人生态"。2017年,中共中央、国务院印发的《关于加强和改进新形势下高校思想政治工作的意见》强调,要坚持全员全过程全方位育人。把思想价值引领贯穿教育教学全过程和各环节,形成教书育人、科研育人、实践育人、管理育人、服务育人、文化育人、组织育人长效机制;坚持遵循教育规律、思想政治工作规律、学生成长规律。把握师生思想特点和发展需求,注重理论教育和实践活动相结合、普遍要求和分类指导相结合,提高工作科学化精细化水平;坚持改革创新,推进理念思路、内容形式、方法手段创新,增强工作时代感和实效性。2017 年 12 月,教育部颁发了《高校思想政治工作质量提升工程实施纲要》,提出"十大"育人体系,将网络育人纳入"十大"育人体系。

教育规章制度从顶层设计的高度为网络育人实践指明了方向。在全面建设社会主义现代化国家进程中,高等教育对教育、宣传思想、文化、网络安全和信息化等都提出了新的更高的要求。我们知道,互联网对人们的思想、认知和价值观将产生深远的影响,将网络育人工作作为凝心聚力、实现民族复兴的重要组成部分,是高校必须完成的政治任务。

一、强化网络育人,创建高校育人新生态

特定的时空条件下,传统的育人方式通过有限的教学内容与资源来影响教育对象行为,是有一定局限性的。而且,由于科学技术的进步,传统的育人方式已经很难适应学生的综合需要。网络育人可以有效地弥补传统育人方式的不足,其对传统育人方式进行了改革和发展,使传统教学与网络教学有机地融合,这种相互结合的优化教育模式,主要体现在以下两个方面。

（一）网络育人是高等教育发展的现实要求

网络可以促使教育者从"训话"转向"对话"，在网络环境中成长的年轻学生是积极的、个性化的，灌输式教学法很难被接受。教育工作者有责任不断重建知识结构，以平等、开放的对话方式与受教育者充分沟通；受教育者则从"被动"变为"主动"。网络突破了教育者获取信息的时间和空间限制，使他们不再只是"等待教学"，他们可以自主地选择教育内容和学习时间，进行教育互动。互联网的特征是信息量巨大，一方面为大学生带来了多样化的选择，但另一方面，各类信息良莠不齐，混在一起会模糊学生的判断和价值取向，影响大学生形成正确世界观、人生观、价值观，使育人工作面临挑战。网络信息技术快速发展，也使高校的教育手段和方法从"单一"转向"丰富"。在传统教育体系内，教育主渠道是课堂教学，在网络时代，教育手段日益多样化、多元化，慕课线上课程、云平台、大数据运用等都在育人过程中发挥了重要作用。高校的教育模式只有顺应时代特色，与时俱进，创新发展，才能更好地提高育人成效。

（二）网络育人是应对复杂网络舆论生态的关键手段

人们的物质和精神需求日益增长，经济体制和结构也发生深刻变化，人们观念的转变更加直接和明显，这些深刻的变化也充分反映在网络空间中。首先，网络空间是各种社会思想的汇集地，国际上其他一些国家利用信息技术相对强大的优势和网络空间的话语能力传播西方价值观和错误思想。通过网络工具和网络语言，他们对中国年轻人的思想产生了一定的影响，并污染了网络空间。其次，移动互联网具有很强的组织和凝聚力，在社会动员中发挥着越来越重要的作用，它有助于促进社会治理，但也为各种思想与文化的传播提供了便利的场所，它给主流意识形态和社会共识的凝聚带来了一定的困难。再次，在社会变革的时代，复杂多变的社会对年轻人成长的影响不容低估。最后，各种舆论生态以所谓的"民意"在网上呈现。在网络的舆论场当中，有些人披上"网络舆论"的外衣，在一定程度上影响了舆论的方向。

简言之,复杂多变的舆论生态使得社会矛盾对大多数互联网用户,尤其是对年轻人的影响比以往任何时候都更广泛、更深刻。因此,回应现实问题的需求更加迫切。这些变化都迫切需要高校育人工作者积极探索"互联网＋"的育人模式和实现路径,充分发挥网络平台的作用,实现育人工作春风化雨、润物细无声的效果。网络育人工作在不断强化学生主体地位的同时,也要做到时时处处事事围绕学生、关照学生、服务学生,能够触及学生灵魂,引领学生成长,培养时代新人。

二、强化网络育人,保障高校落实立德树人根本任务

立德树人是新时代教育的根本任务。立德,就是坚持德育为先,通过正面的教育来引导人、感化人、激励人。树人,就是坚持以人为本,通过合适的教育来塑造人、改变人、发展人。党的十九大以来,习近平总书记多次强调立德树人的重要性,强调要把立德树人融入思想道德教育、文化知识教育和社会实践教育各个环节。教学体系、学科体系、教材体系和管理体系应围绕这一目标进行设计,教师应围绕这一目标进行教学,学生应围绕这一目标进行学习。网络育人无疑是围绕这个目标的重要环节,主要体现在以下几点。

(一)网络育人是落实立德树人的重要手段

新的发展时期,互联网的快速发展带来了独特的网络文化,并逐步发展丰富。这种状况潜移默化地改变人的思想观念、价值取向、行为习惯、情绪情感等,对人的全面发展具有一定影响。高校的育人工作要准确把握新的历史时期、新的历史使命,深刻认识高校育人工作的新的时代要求,能否与时代发展和青年成长"同呼吸,共命运",是能否解决"如何培养人"这个问题的关键,是能否答好立德树人时代问卷的根本。

(二)网络育人为落实立德树人提供重要平台保障

伴随着互联网的发展而成长起来的当代大学生,网络已经深度融入他们的生活和学习中,许多新情况、新问题因网而生、因网而聚、因网而增。高校必须运用新媒体、新技术,推动高校育人工作传统优势同信息技术高度融合,使高校育人工作联网上线,建好校园思想文化宣传阵地,在网络空间内培育和传播社会主义核心价值观,使社会主义意识形态牢牢占领网络空间,形成强大凝聚力和引领力,确保立德树人落到实处。构建网络育人平台,运用网络文化实现育人目的,已经成为一种新型的育人模式,是补充线下育人平台的重要保障,网络育人工作的建设和发展已经成为高校育人工作的重要组成部分,网络育人平台已经成为落实立德树人任务的重要平台。

(三)网络育人是拓宽立德树人渠道的重要路径

互联网的传播要比传统的媒介更加迅速和广泛。其即时、快速的特性,使得人们能够方便地进行及时的交流,同时也能够提高人们的真实听觉,提高人们的注意力。有了网络的支持,生动的文字、图片、声音等代替了教条枯燥的说教;有了网络的支持,将大大提高网络育人实效,可充分利用网络平台开展思想教育、文化引领和实践教学,推进"三全育人"。互联网能更好地整合学科体系、教学体系、教材体系、管理体系,从而为立德树人目标服务。网络技术的出现及其在教育领域的运用,无疑给落实立德树人工作的手段和效果等带来了崭新的变化和新的拓展,增强了育人的实效。

三、强化网络育人,全面提升思想政治教育工作实效

我国高校肩负着培养时代新人的重要使命。做好大学生思想政治工作,是高校落实立德树人根本任务的关键一环。在互联网时代背景下,网

络育人无疑是这一环中的关键环节。传统的思想政治教育方式,在全面融合思想政治教育各类资源方面存在一定的困难,不利于充分激发思想政治教育活力,而网络育人不受时空限制,大大拓宽了思想政治教育的渠道,为思想政治教育提供了更广阔的空间。主要体现在以下几点。

(一)网络育人是高校思想政治教育工作的重要组成部分

互联网成为高校思想政治工作的最大变量,高校的思想政治教育也随之受到全方位、深层次影响。思想政治工作过不了网络关,就过不了时代关。思想政治工作顺应环境而生,注重研究和改造现实社会中的不合理因素,以优化人的生存环境。网络是新时代思想政治工作面临的大环境,因此,网络在哪里,思想政治工作就要做到哪里。通过网络,教师可以及时了解高校网络舆情,及时把握大学生的思想动态,教师可以及时进行思想政治教育,通过宽容、理性、通畅的对话和沟通机制,引导大学生理性客观地认识现实社会和鉴别真相,提高大学生辨别和分析海量网络信息的能力。高校网络舆情作为高校把握大学生思想动态的重要来源,如何引导学生树立清醒的主体意识和正确的信息观念,帮助其理性分析和认识各种社会矛盾和社会问题,增强社会责任感,已经成为现代网络思想政治教育的重要课题,成为高校思想政治教育的重要课题。这也是高校思想政治教育的任务。一方面,通过网络育人可以快速了解网络舆情;另一方面,丰富的网络信息为学生的学习、研究提供了海量的资料,使他们能多角度、全方位地了解世界。提高学生运用网络的能力,增强网络信息对学生发展的促进作用,是思想政治教育实效性的体现。因此,网络育人是高校思想政治教育的重要组成部分。

(二)网络育人是进一步提升思想政治教育工作实效的重要途径

传统的思想政治教育大多通过线下面对面交流或者课堂进行,学生因为某些原因有时不敢表达自己内心的想法,教育者很难有针对性地引导和教育,教育效果因此受到影响。而网络的虚拟性给了大学生充分展示自我的机会,他们可以更加真实和勇敢地表达自己的观点,这给高校网络思想政治工作提出挑战的同时,也为教育者更全面更真实地掌握学生的思想动态提供了途径。网络教育者可以了解学生真实的思想动态,可以根据学生的个性化问题进行有针对性的引导和教育,从而达到思想政治教育的目的。同时相比于传统的思想政治教育方式,网络思想政治教育可以降低信息的滞后性,可以更加快捷和实时地掌握信息,从而使思想政治教育更加及时。高校思政工作者可以利用大数据,精准分析和研判,把握大学生思想行为的动态,找到大学生思想政治教育更有针对性的方法和通道,更快速找到数据介入点并给予及时的回应,提高大学生网络思想政治教育工作的准确性。

(三)网络育人为开展思想政治教育工作开拓了新路径

网络大数据的快速化、海量化、多样化、价值化、智能化等特点,在给高校网络思想政治工作提出挑战的同时,也使网络思想政治教育手段不断更新,提供了优质、多元、高效的资源体系,为网络思想政治教育彰显智能、人性化的内在价值提供了更高的可能性。通过对大学生生活所产生的各类相关数据的定向分析研判,可以总结出数据变化的规律,建立关于大学生学习生活等各方面的应用场景,从而把握大学生个体或整体的思想和行为动态,有效捕获和分析异常数据,重点关注数据异常的大学生,对突发事件能够做到预知和干预,化解可能发生的潜在危机。通过互联网也可发现大学生关注的各类热点问题,对一些热点问题进行科学的收集、汇总、分析,利用大数据分析掌握大学生思想动态,使思政工作从被动转变成主动,促进大学生身心健康发展。大数据还能为学校领导和职能部门提供二级单位院系、教师、辅导员思政工作的落实情况,以结构化程序推动扁平化的落实,推进思想政治教育工作由虚入实。

(四)强化网络育人,建构高校思想政治教育工作的信息文化环境

文化环境尤其是精神文化环境对思想政治教育具有直接的影响和作用。新媒体时代,信息文化环境成为精神文化环境的至关重要的组成部分。网络的繁荣与信息推送力度的增强,使得思想政治教育主体获取信息和驾驭信息的能力整体提升了。网络空间的文明成为社会文明与环境文明的重要表征,也成为高校思想政治教育的环境与载体。

信息依托文化隐喻构建的信息文化环境成为高校思想政治教育的重要文化环境。党的十九大报告指出,"要以培养担当民族复兴大任的时代新人为着眼点,强化教育引导、实践养成、制度保障,发挥社会主义核心价值观对国民教育、精神文明创建、精神文化产品创作生产传播的引领作用,把社会主义核心价值观融入社会发展各方面,转化为人们的情感认同和行为习惯"。建构高校思想政治教育信息文化环境首先要凝聚高校思想政治教育信息存储的核心价值观,使得高校思想政治教育的信息文化传播媒介成为社会主义核心价值观传播的阵地。当前,微信公众号和微信服务号成为大学生第二课堂,优化微信公众号信息课堂的文化环境,既要统筹形成权威信息发布的集成系统,讲好校园故事,传播主流意识形态;又要彰显不同受众定位的微信号的信息推送个性,营造百花齐放的文化氛围。建构高校思想政治教育工作的信息文化环境要促进传统思想政治教育载体的信息融合。建构信息文化环境的过程也是思想政治教育的载体和要素不断通过信息平台渗透于传播的过程,优秀的思想政治教育资源以受人喜欢的姿态占领信息平台本身就是一种文化环境建构的过程。传统的思想政治教育方法,例如榜样教育以及忆苦思甜等方法在新的时代背景下依然蕴含崭新的时代价值,融合信息技术元素也必将焕发新的影响力与教育力。

第二节　新时代高校网络育人的目标

一、新时代育人目标的内涵

在适应不同阶段国家社会的发展过程中,党的育人目标也在不断调整和完善,人才全面发展的内涵越来越丰富和具体。习近平总书记在2018 年全国教育大会上的讲话中指出:"培养什么人,是教育的首要问题。我国是中国共产党领导的社会主义国家,这就决定了我们的教育必须把培养社会主义建设者和接班人作为根本任务,培养一代又一代拥护中国共产党领导和我国社会主义制度、立志为中国特色社会主义奋斗终身的有用人才。这是教育工作的根本任务,也是教育现代化的方向目标。"[①]明确地回答了新时代教育的根本问题。

培养的社会主义建设者和接班人,应该具备哪些特征? 习近平总书记指出:"培养德智体美劳全面发展的社会主义建设者和接班人,加快推进教育现代化、建设教育强国、办好人民满意的教育。"[②]所以,新时代我们培养的目标人才应该是德智体美劳全面发展的青年。应注重学生品德和德行、知识和技能、身体素质、美学素养、劳动品质等全面发展。习近平总书记在 2018 年全国教育大会的讲话中,围绕德智体美劳全面发展的要求,提出了教育培养学生的具体要求。综合来看,新时代的育人目标具体有以下几点:要求教育培养的学生要有坚定理想信念,要有共产主义远大理想和中国特色社会主义共同理想,要增强"四个自信",要能肩负起民族

---

① 习近平.坚持中国特色社会主义教育发展道路 培养德智体美劳全面发展的社会主义建设者和接班人[N].人民日报,2018-9-11(1).

② 习近平.坚持中国特色社会主义教育发展道路 培养德智体美劳全面发展的社会主义建设者和接班人[N].人民日报,2018-9-11(1).

复兴的时代重任,要有浓厚的爱国主义情怀,能够热爱和拥护中国共产党,听党话、跟党走、扎根人民、奉献国家;要有良好的品德修养,有大爱大德大情怀,能够践行社会主义核心价值观;要有奋斗精神,能够树立高远志向,拥有敢于担当、不懈奋斗的精神,具有勇于奋斗的精神状态、乐观向上的人生态度,做到刚健有为、自强不息;要有扎实丰富的知识见识,敢于创新,能够求知问学,增长见识,丰富学识,沿着求真理、悟道理、明事理的方向前进;要树立健康第一的理念,在体育锻炼中享受乐趣、增强体质、健全人格、锤炼意志;要全面发展美育,具备较高的审美和人文素养;要具备劳动精神,崇尚劳动、尊重劳动,懂得劳动最光荣、劳动最崇高、劳动最伟大、劳动最美丽的道理,长大后能够辛勤劳动、诚实劳动、创造性劳动。

二、新时代高校网络育人目标的内涵

新时代高校网络育人是我国教育工作的重要组成部分,核心思想始终是育人。

(一)宏观角度

结合我们教育目标的发展过程和内涵,从宏观角度来看,新时代高校网络育人的目标必须对接我国的教育现代化的战略目标,具体而言,新时代高校网络育人的宏观目标可以理解为:培养德智体美劳全面发展的社会主义建设者和接班人,培养一代又一代拥护中国共产党领导和我国社会主义制度、立志为中国特色社会主义奋斗终身的有用人才。可以分解为主流价值观的引导和育人环境的营造。

1.引导学生树立主流价值观

思想价值取向主要包含世界观、人生观、价值观,它是个体思想和一切行为的出发点和内心的根本遵循,它影响个体当下的心理状态和作出的决策,长期来看也决定了一个人的发展方向。[①]

随着互联网逐渐成为现实生活的虚拟社会,充满各种价值取向的内容和观点,学生在拓宽视野的同时,也在不断受各种价值观念的影响。一旦大学生的价值观念不够成熟,思想就容易受到影响和波动。高校网络育人的中心目标必须是抓住学生思想引领的关键时期,主动占领网络阵地,围绕学校立德树人,构建正面积极的网络文化,以有形无形的方式,围绕学生的学习、生活、工作发展等方面,引导大学生形成正确的政治观和价值观,提高学生对社会主流价值观的认同。

2.营造良好的育人环境

环境对育人工作起着至关重要的作用。"性相近,习相远""蓬生麻中,不扶而直""近朱者赤,近墨者黑"等中国古代名言和孟母择邻而处、三迁其所的故事,无不说明环境对育人的重要性。19 世纪的环境决定论者欧文在其《欧文选集》中有"人是环境的产物,他一生的每一时刻中所处的环境和他的天生品质使他成为什么样的人,他就是什么样的人"的论述。[②]

高校网络育人目标应当与高校的整体育人目标同向同行,步调一致,即在高校网络育人目标实现过程中,要在一定范围内营造出与学校整体育人目标相适应的网络环境,并反过来有力促进高校整体育人目标的实现。因此,营造出好的网络育人环境对大学生的成长成才十分重要。

在营造网络育人环境的同时,高校还要注重在实践中培养大学生的综合能力,例如开展网络技能教育相关培训,提升学生在网络空间的搜索、筛选和鉴别信息的能力;利用大数据开展学生的分类发展指导,让学生充分认识自我、发掘自我,学会在网络世界中正确而恰当地与人沟通交流、分工协作,开展协调领导、营销自我、赢得支持等工作。同时,高校要指导学生辩证地看待网络信息时代带给我们的机遇与挑战,准确定位个

---

① 陈万柏,张耀灿.思想政治教育学原理[M].北京:高等教育出版社,2007:102.
② 欧文.欧文选集(下卷)[M].柯像峰,等译.北京:商务出版社,1965:337.

人在信息社会中所处的人生方位和坐标,从而更加精确地找准自己的未来发展方向和人生定位。营造良好的网络育人环境有利于推动高校育人大环境的改善,加快学校整体育人目标的实现,而育人目标的实现又会促进网络育人环境的改善,形成良性互动关系,从而为培养社会主义合格建设者和可靠接班人贡献力量。

(二)微观角度

从微观层面分析,通过大数据网络技术的运用,教育主体可以从思想上和实践上将网络育人的宏观目标进行再细化。一是思想上要加强锻造,要坚定理想信念,坚定"四个自信",新时代大学生成长成才首先要具备明辨是非的能力;二是要通过实践锻炼综合能力,适应未来社会变革发展需要。具体目标可以分为以下四点。

1.巩固高校育人工作的政治方向

无论是传统育人方式还是网络育人方式,其首要功能都是维护高校育人的政治方向。习近平总书记在 2018 年全国教育大会上指出:"我国是中国共产党领导的社会主义国家,这就决定了我们的教育必须把培养社会主义建设者和接班人作为根本任务,培养一代又一代拥护中国共产党领导和我国社会主义制度、立志为中国特色社会主义奋斗终身的有用人才。这是教育工作的根本任务,也是教育现代化的方向目标。"[①]网络育人作为高校育人体系当中的重要一部分,其育人的目标也必然是为这个目标服务的。我们党团结带领全国各族人民,以史无前例的雄心和魄力推进中华民族伟大复兴的中国梦的实现,千秋伟业的缔造必须要靠一代又一代政治过硬、方向明确的有志青年加入。在这一根本问题上,网络育人作为教育的重要形式之一,必须旗帜鲜明,毫不含糊地坚决贯彻社会主义办学方向不动摇。

---

①　习近平.坚持中国特色社会主义教育发展道路 培养德智体美劳全面发展的社会主义建设者和接班人[N].人民日报,2018-9-11(1).

2.维护思想政治教育的意识形态性

思想政治教育具有很强的意识形态性。重视思想政治教育的意识形态作用，就是要始终坚持思想政治教育为意识形态服务，保持社会主义核心价值体系在意识形态领域的主导地位。

一方面，教育主体要通过网络技术，使社会主义核心价值观进网络，突出强调社会主义意识形态的主导作用。高校要善于发挥意识形态的渗透功能，在宣传教育过程中，要根据实际情况和需要，精准"滴灌"，旗帜鲜明或潜移默化地把社会主义核心价值体系等内化为新时代大学生的自我意识、自觉坚持，培养学生的政治和文化认同，强化凝心聚力的作用。同时，要用具体可感、形象生动的网络故事，精准、深刻的网络语言，巧妙、到位的网络技术来进行理论阐释，增强网络育人过程中意识形态宣教的吸引力、说服力，从而强化意识形态控制力。

另一方面，教育主体要提升网络舆情监测、处置的能力和水平。随着时代的发展，某些社会问题也会在网络中呈现出来，网络社会环境更加多元、复杂多变，网络已成为意识形态斗争的主要战场。这就需要教育者在提高自身思想意识和能力水平的同时，努力地教育培养更多真正维护社会主义意识形态的学生网民，使学生在认识和行为上都能达到真正的统一。

3.增强高校人才培养的针对性

马克思主义将人的自由全面发展作为奋斗的目标。互联网发展到今天，开放性、交互性、包容性更强，信息量更大，在海量的互联网信息中可谓鱼龙混杂。如何坚持以人为本的理念，提升网络育人的针对性和有效性，助力新时代大学生自由全面发展，是新时代网络育人必须面对和解决的课题。

一方面，教育者要通过网络育人更好地把育人工作贯穿教育教学全过程，实现全员育人、全程育人、全方位育人，在"三全育人"中提升网络育人的针对性。高校要充分调动学校每一名教职员工的积极性和主动性，切实肩负起育人的初心和使命,在入学、学习、毕业等涉及学生工作、学习、生活的成长发展的每一个阶段、每一个环节,都能主动扛起责任,以学生发展成才为本;要将网络育人的积极作用融入课程育人、实践育人、文化育人、服务育人、组织育人等九大育人体系之中。

另一方面,网络育人工作要助力实现学生个性化信息获取和个性化指导教育。高校要通过搭建网络平台,建立数据库,丰富网络教育资源供给等方式,让学生不仅能选,还可以结合自己的兴趣爱好,有更多的选择空间和余地,愿意去选。此外,网络育人资源不仅要让学生自由地选择,还要尽最大努力激发学生的创造力,促使他们主动创作网络文化作品,助力学生通过创新思想,陶冶情操,开阔视野,实现全面发展。网络育人工作还需要大数据网络信息的获取、收集、整合和智能匹配分析,既要发现学生培养教育中的共性问题,也要善于观察和发现每一个学生个体的差异性,了解掌握学生的个性化需求,从而有针对性地开展相应工作,做到因人而异,因人施策,一人一策,实现"对症下药",及时有效解决问题,即要以大数据为基础,为大学生的学习、生活、就业指导等提供全方位、有针对性的服务与教育。

4. 提升育人内容的时效性

网络传播的快速性和网络环境的复杂性要求高校网络育人过程不断提升育人工作的时效性。众所周知,网络不同于传统媒介,网络的传播范围更广,传播速度更快,传播效率更高,网络信息的更新也更加快速便捷。因此,要提升网络育人工作的实效,高校必须善于把握网络传播的规律和特征,注重网络育人内容的时效。

一方面,高校网络育人工作要主动占领网络舆论阵地,紧紧抓住网络信息发布的主动权。网络信息丰富且多变,谁掌握了互联网,谁就把握住了时代主动权。高校要因事而化、因时而进、因势而新,及时开辟并持续建强网络阵地,要善于利用网络阵地及时发布和传递信息,用大学生网民的语言方式,引导网络舆论,在提升大学生的政治敏锐度和网络信息鉴别能力方面主动作为。

另一方面,高校网络育人工作者要及时掌握网络信息回应的主动权。在网络世界中,预防谣言的滋长和消除谣言有时会更加依赖于及时有效的回应。实际上,网络时代,信息传播不受时空的制约,方便了人们的及时有效互动,为及时回应网络信息提供了可能。高校作为信息发布和回应的把关人,要迅速作出反应,善于运用公信力强的媒介,严格把关,准确发布和回应信息,把谣言遏制在萌芽状态,及时净化网络空间。

5.强化育人方式方法的创造性

在这以分甚至是以秒为单位进行信息交替的网络社会,某个网点产生的信息,则很可能产生蝴蝶效应而瞬间扩散,这一开放性的特征也就必然要求网络育人具有创造性。

一方面,网络育人要坚持开放性和创造性统一。教师和学生在校园网络文化体系中是自由的。由于网络世界的虚拟性,每个人都可以自由编辑个人信息,自主地选择交流对象,自由分享信息,开放的网络环境让信息不再受时间、空间限制,大部分情况下,师生可以按自己的需要随时随地了解内容和信息,学习交流的灵活度大大提高。正因为这个开放性特征,网民可以自由、灵活地进行交流,进行思想碰撞或者学术讨论,形成"百花齐放,百家争鸣"的现象。创新性也由此诞生,各种思想汇集、碰撞,再产生新的观点,由一而多,形成欣欣向荣的网络文化局面,这正是网络育人效果的体现。创新性是引领社会发展的首要动力,也是校园发展的重要驱动力,网络育人也能为高校新思想、新观念的创新带来可能,提供创新的原动力。

另一方面,网络育人有利于发挥、增强育人方式方法的创造性。教育是一项内容与形式统一的活动,网络育人也不例外。网络育人的内容确定后,如何实现育人效果,就要在育人的形式和技巧上多下一番功夫。高校可以在网络中运用图文并茂、动静结合的方式,在理论知识传播过程中,增加声音和色彩效果的运用,运用抖音、快手等媒介,采用短视频等形式,让相对枯燥的理论知识变得更加生动有趣,用学生喜欢的方式增强网络育人对学生的吸引力。高校还可以运用数据库等方式实现跨地域、跨时间的共享,利用网络信息传播规律,实现教育与网络技术的有效融合,拓展教育的新领域和新方法。人工智能等技术的发展,也必将为创新育人方式方法提供重要保障。

第三节 新时代高校网络育人的经验

近年来,高校普遍重视网络育人工作,积极使用新媒体技术和平台开展大学生网络文化育人工作,在价值引领、内容建设、线上线下融合、把握学生思想状况和诉求等方面已积累了一定经验,但同时存在如对于网络育人内涵的理解有偏差,对网络育人内容挖掘不充分等问题,有些学者将网络育人等同于网络思想政治教育,在网络育人概念的界定上存在某些误区。梳理高校网络育人历史演进与规律,研究与分析国际、国内高校在网络育人工作方面的探索与实践,总结我国新时代高校网络育人的典型案例与基本经验,是高校网络育人的必然要求。

一、我国高校网络育人的发展及主要经验

自 1994 年开始,我国互联网实现与国际互联网的全功能链接,我国的信息化建设迈上新的台阶。中国互联网信息中心发布的第 45 次《中国互联网络发展状况统计报告》显示,截至 2020 年 3 月,中国有 9.04 亿互联网用户。互联网普及率达 64.5%,其中网民通过手机接入互联网的比例接近 99%,学生网民占比超过 1/4,从职业划分角度而言为规模最大。

(一)网络育人的总体发展历程

我国网络育人始于 1994 年的互联网接入,发展至今已有 28 年的历

史。从我国网络育人的实践过程来看,先后经历了三个阶段,第一阶段是1994—2004 年的入网适应阶段,第二阶段是 2004—2012 年的范式转换阶段,第三阶段是 2012 年至今的融合拓展阶段。①

1.入网适应阶段(1994—2004 年)

1994 年至 2004 年,是我国网络接入的适应性时期。在这一时期,互联网接入,海量的网络信息、高速的传输给人们带来了极大的便利。网络搜寻与信息浏览与阅读,是互联网客户最初的需求。1996 年,内格罗蓬特的《数字生存》一书在中国出版发行以后,迅速引发了使用互联网的热潮,让更多的中国人了解了互联网给生活、工作和教育带来的影响。这一阶段,由于互联网是一种新技术,无论是国内还是国外,人们对互联网的认识都经历了一个从最初认识到逐渐运用的漫长过程。

与此同时,高校对网络育人也经历了一个逐渐认识到应用的发展历程。高校在进行思想政治教育的过程中,通过搭建专门的工作网站,逐步形成了一种新的网络工作方式。当时,由于人们对于互联网的认识还处于初级阶段,虽然开展了网络教育等实践,但是,网络育人在教学内容、教学方式、教学团队等方面,基本大部分都是对传统的思想政治教育的沿袭与模仿,还没有真正形成网络育人的规模。在这一阶段,我国大多数高校网络育人的硬件与软件设施都还处在初始阶段,网络育人的内容比较单一,专业化、专门化的网络育人队伍尚未形成,这些因素都严重地影响与制约了网络育人的实际效果。经过艰难的探索,我国网络育人先后经过了主动跟进、积极应对,积极出击、加深认识,经验认知、整改反思等过程,呈现出这一时期的阶段性样态。

2.范式转换阶段(2004—2012 年)

"范式"最初由托马斯·库恩提出,他认为范式是对方法论、本体论以

---

① 胡树祥,赵玉枝.网络思想政治教育发展历程及未来趋势[J].思想理论教育导刊,2020(6):128-134.

及认识论的共识,是一种假说与规则的总和,从某种程度上来讲,范式就是模型、模式。因此,网络育人的范式,即为网络育人的主体在一定时期内构建的理论框架和实践认识。它作为一种模式或准则,可以指引和规定高校网络育人的理论探索和实践样态。高校网络育人范式的创新与转换,标志着网络育人主体在理论和实践中理论架构和规范的变化,是高校思想政治教育工作在工作方式上、技术层面上的转变。但是,全面、彻底地把握网络育人范式转换的概念,不仅仅要认识其外在表现,更要领悟其内在本质与特征。①

2004 年,中共中央国务院《关于进一步加强和改进大学生思想政治教育的意见》要求,拓展大学生思想政治教育的有效途径,构筑一批富有服务性、思想性、趣味性、知识性的思想政治教育网站和网页,形成思想政治教育网上网下的合力,开启了高校网络育人的序幕。

2004 年至 2012 年,是我国网络育人方式转换的阶段。在这一历史时期,由于国际、国内网络等科技形势的不断发展,高校网络育人在思想政治教育工作、意识形态教育过程中的作用日益突出。在这一时期,我国的网络育人进入了网站与平台建设的阶段,一些综合性的网络平台、网络社区不断建立,为网络育人奠定了一定的物质基础。在实际工作中,高校网络育人既不断地跟上时代步伐,也重视方法改进与制度创新。教育者不仅关注网络育人内容创作的力度,网络育人内容变化速度、广度,还非常注重网络育人的特点,不断思考网络文化、网络育人的文化特质,网络育人内容与传统的育人内容已不可同日而语。在这一阶段,我国高校的网络育人经过网站建设、平台构建,从内容形式到阵地载体,形成了从单向的宣讲到双向互动的样态特征。

3.整合扩展阶段(2012 年至今)

2012 年至今,是我国网络育人的整合扩展阶段。所谓的"整合扩

---

① 赵玉枝,胡树祥.网络思想政治教育范式转换:内涵、成因及意义[J].思想教育研究,2021(6):36-42.

展",就是通过思想政治教育与网络技术的有机结合,不断提升思想政治教育的效果。在这一阶段,随着网络技术的不断发展与普及,手机等移动终端的泛在化新技术发展极大丰富了网络在现实生活中的功能。在这一时期,大学生网民的用户需求全新升级,迫切需要开发新的思想政治教育网络产品,这为网络育人渗透到网民生活的方方面面创造了契机。网络育人也在与多媒体、智媒体等技术的泛在融合中实现了高品质的发展,这种现象对于满足我国高等教育大众化的需要,不断满足人民日益增长的精神文化的需要有着重要意义。在这一阶段,网络育人也经过了移动平台运用、网络覆盖等过程,推动泛在融合、质量提升,形成了逐渐渗透、不断引领的特征。

(二)网络育人实践的发展与经验

从某种程度上来讲,我国高校网络育人体系包括平台、内容、队伍、载体以及育人要素之间关系的转变。在不断实践创新的过程中取得了一系列成绩,为我国高校网络育人的开展奠定了坚实的人财物的基础。

1.网络育人平台建设的经验

20多年以来,我国一些高校在网络育人方面不断投入人力、物力和财力,并取得了诸多的成绩,主要表现在:网络育人平台不断丰富和完善,网络阵地日渐成形。主要经历了以下几个阶段。

(1)基础起步阶段:从校园网、局域网等网络基础设施建设起步。

1994年,在"信息高速公路"的驱动下,我国高等学校和科研机构率先积极开展网络基础设施建设。以"中科院-北大-清华"为核心的"中国国家计算机网络设施"与Internet联通[①],建立了我国与国际交流对话的网络;11月,中国教育和科研计算机网(China education and research

---

①　倪群.中国国家计算与网络设施NCFC[J].计算机与通信,1995(1):11-14.

network,CERNET)开始建设①,为我国高校校园网建设、应用提供了强大支撑,一批高校的局域网逐渐建立起来,为网络育人提供了物质条件。

(2)网站发展阶段:校园"红色网站"大量出现。

为了尽快扩大互联网教育阵地建设,我国高校开始将网下思想政治教育内容直接上传到网上,并建立起以传播主流意识形态为主的网站。如1998年底清华大学建立的"班级共产主义理论学习网站——'红色网站'"。② 一方面,高校加强校园网主页的设计,将"红色网站"作为一面旗帜,充分发挥思想引领作用。2000年,高校开始不断建设思想政治教育网站,如清华大学建设的"学生清华",华中科技大学建设的"华中大在线",上海交通大学创建的"交大焦点",天津大学建立的"天外天",浙江大学的"求是潮",武汉大学的"自强学堂"等。③ "红色网站"以"宗马列之说,承毛邓之学,怀寰宇之心,励报国之志"为宗旨,构建网上思想理论阵地。此外,有些网站在创新中注重宣传主流意识形态、思想政治教育功能,融党建、学生、校园活动等于一体,提供"校长信箱"进行引导和答疑解惑,形成了以校园网为龙头、以"红色网站"为特色栏目的育人阵地。

(3)综合网站阶段:教育综合性网站建设。

2004年,"中国大学生"在线开始运行,以"共创、共管、共享"和"栏目共建、服务共享"的方式,构筑了特色鲜明的资讯平台、功能齐全的互动平台、完备的服务平台④,为开展网络育人提供了平台支撑,这些平台传播思想政治教育内容,提高了大学生的参与性,实现了教育主客体的深入互动和资源共享。同时,思想政治教育网站不断增加,阵地建设不断拓展。

---

① 吴建平.中国教育和科研计算机网CERNET现状和发展[J].通信学报,1997(12):74-78.

② 杨振斌,黄开胜."红色网站"的发展和启示[J].高校理论战线,2000(10):35-38

③ 李宝研.大数据时代大学生网络思想政治教育创新研究[D].哈尔滨:哈尔滨师范大学,2020.

④ 思正.全国高校思想教育示范网站——"中国大学生在线"正式开通[J].思想理论教育导刊,2004(6):77.

为进一步营造网络育人的氛围,教育部开展了高校百佳网站评选活动,以切实发挥高校网络育人的示范引领作用,打造高校网络育人的品牌,突出思想政治教育的主旨,提升网络育人的吸引力。

(4)互动社区阶段:互动社区平台创建。

2001年,网络育人平台迎来网络社交平台的强烈冲击。在此过程中,网络开始了"Web 2.0"的新征程,社交平台、网络经历了从无到有、由少而多的发展,一些平台逐渐为网民青睐,并逐渐成为互联网的活跃区域。2009年,新浪推出微博平台;2010年,腾讯推出微博平台。受其影响,传统教育网站面临用户流失的严峻挑战。一方面,网络技术的普及与发展要求高校网络育人革新内容,克服形式、速度、互动方面的弊端,提升吸引力、互动性;另一方面,人人网等社交平台的出现,也扩大了高校网络育人载体,如教师在人人网上,可以分享自己的教学资料和教学要求,使其成为教学平台。同时,高校不断开创教育社区平台,比如"易班"社区平台,"易班"与SNS之间的融合,表明网络育人的互动社区已然形成。

(5)移动平台阶段:开辟移动平台全覆盖阶段。

2011年,微信开始逐步应用,微信以零资费、便捷的沟通方式,实时输入状态等特点成为人们必备的app,也赢得了广大青年尤其是在校大学生的青睐和支持,而移动互联网在5G网络与智能手机的双向驱动下,使无时不在、无处不在的网络环境成为可能。2016年,抖音短视频上线,迅速成为青年群体青睐的短视频社交软件,短短三年后,国内活跃用户数已超过5亿,用户数继续保持快速增长,后来的快手、快闪等类似的短视频app,也受到青年人欢迎。

这一阶段,高校网络育人平台同移动互联网融合,一方面尝试建立移动网络教育平台;另一方面,推动了网络育人同微信、微博、抖音等即时通信应用的融合,构建立体化的微博矩阵,打造校领导、教学名师、辅导员等个人的微博,设立官方微信公众号、官方抖音快手账号等,建立了开展网络育人的重要工作交流平台。同时,独具教育特色的新型网络社区平台开始创建,比如"易班""学习强国"等。

2.网络育人内容及其形式发展经验

在高校开展网络育人的初期,育人主体在教学内容的构建方面没有多少创新,主要是沿用传统的教学方法,虽然解决了入网之时思想政治教育亟须占据网上阵地的燃眉之急,但也造成了教育内容在网上的简单罗列、难以对受教育者产生吸引力等问题。主要有以下几个发展阶段和特征。

(1)传统思想政治教育内容初步网络化。高校最初的网络育人内容基本采用传统思想政治教育内容,只是在内容呈现形式上实现了网络化、数字化,在育人内容和形式上并没有太多吸引力。出现这种状况的主要原因是,在这一时期,全国大部分高校网络育人的内容主要是思想政治教育内容从现实向网络的机械式的迁移,在时代感、感染力和吸引力等方面都比较欠缺,因而也未能更好地发挥教育内容的思想引领作用。

(2)育人内容扩展到校园文化活动、数字资源共享。随着 2004 年"中国大学生在线"这一综合教育网站开通,一些高校建立了校园网络资讯、社区互动、数字资源、校园文化等平台①,网络育人的主题不仅仅局限于原有的思想政治教育内容,在这些平台中有诸多的教学资源。同时,一些高校也非常重视主题网站和网页的创新,一些高校采用红色来突出"红色主题",在校园网中设置了家园论坛、互动版块、回音壁等栏目。

(3)网络文化内容的重点突破。大力发展中国特色网络文化,加强网络文化建设和管理,充分发挥互联网等信息网络在我国社会主义文化建设中的重要作用,为新时代我国高校的网络育人指明了方向。一方面,网络育人内容创作的力度、内容更新的速度以及内容共享的广度得到了极大的提升,各高校积极围绕网站优质内容的创作来部署网站日常工作,与此同时,高校在网络育人的内容表达上不仅仅局限于文字的表述,还通过

---

① 思正.全国高校思想教育示范网站——"中国大学生在线"正式开通[J].思想理论教育导刊,2004(6):77.

不断提高色彩、图像等视觉和听觉的效果来增强教育内容的感染力。另一方面,在高校网络育人的网站建设方面,高校开展校园文化建设,使青年大学生在校园文化氛围中不断接受正向引导,充分发挥活动育人的作用,教育部也多次组织了高校网络育人的成果评选活动,表彰高校网络育人的优秀成果。

（4）日常管理内容与网络育人内容的融合化。随着移动互联网泛在融合新技术的发展、用户上网体验的不断升级,大学生网民对网络育人精品的需要变得迫切。因此,网络育人内容也必须不断创新,以逐渐适应新的网络传播环境。在新技术的驱动下,网络育人内容构成更加丰富,表现形式更加灵活多样、互动性强。一方面,高校的网络育人平台不断创建电视等公众网络资源链和网络育人之间的超级链接,将教育政策、学校的规章制度等问题搬迁到网络育人的内容当中,同时积极生产网络育人"微"产品,不断通过微电影、连环画等形式,满足大学生对碎片化信息的需求,依托专家团队、特约知名思政专家不断向大学生提供网络精品,提升思想政治教育的解释力,充分发挥思想引领的作用。另一方面,网络育人注重用大学生的话语方式提升其亲和力。"一个道理能深入浅出阐释清楚,走到哪里能很快同群众打成一片,讲的话群众喜欢听,写的文章群众喜欢看,这样才主动,才能得心应手"①。同时在综合社区平台中嵌入大学生日常管理、辅导员队伍等模块,比如课堂管理、请假管理、奖学助贷、第二课堂、社会实践等模块,实现校园日常管理数字化,逐步实现浸润熏陶、精神滋养、思想引导的育人效果。

3. 网络育人队伍的发展经验

在创新网络育人主题与内容的同时,高校网络育人队伍的观念也在发生改变,高校网络育人主体逐步认识到网络育人的重要性,积极实现了工作内容的拓展和角色的转变,逐步发展成为网络育人主体的中坚力量。

---

① 　中共中央文献研究室.振奋起全民族的"精气神"——十八大以来中央关于思想文化建设的新思想[J].党的文献,2015(4):18-24.

主要有以下几个发展过程和特征。

（1）网络育人初期，形成了以党政干部为首，以兼职干部为主的育人队伍。在高校网络育人的发轫时期，形成了由思想政治理论课教师、党政干部、学生骨干以及网络管理人员构成的队伍。在这一时期，由于经验不足等因素，网络育人的队伍建设在某种程度上出现了网络技术素养欠缺、教师参与意识不强、重技术轻政治、学生缺乏主动性积极性等问题，与大学生的心理特点、成长需要还存在一定的差距。

（2）以专业化网络育人队伍建设为主的发展阶段。随着网络的发展和网络育人的迫切要求，形势的发展促使网络育人必须建设一支具备一定政治素质、熟悉高校德育特点与规律、能够熟练运用网络技术的队伍。2002 年，全国高校党建会议突出强调，"要高度重视和积极应对网络发展给高校学生思想政治工作提出的挑战，下大力气建设一支网上思想政治工作队伍"。这次会议重点分析了高校网络育人面临的新形势，也为网络育人队伍的建设指明了努力方向。

（3）以全员育人为目标，实现网络育人队伍建设。从 2016 年开始，国内一些高校利用网络开展学生思政工作已经成为一种工作模式，通过微信、抖音等平台实现线上线下的优势互补，不断提升思想政治教育工作的针对性、实效性。网络育人的队伍也不断延伸到学校的教务、管理等部门，他们分别承担了不同的育人责任，发挥不同作用，使网络育人显示出独特的魅力。除了专业化的网络队伍，高校还成立网络评论员队伍，在一些新闻网站、互动类社区上开展互动和交流，在此过程中，也出现了一些网络思政名师，如大连海事大学的曲建武、南京航空航天大学的徐川、陕西科技大学的李萌、华中农业大学的祝鑫、山东大学的范蕊等人。

4.网络育人方式及主客体关系的转变过程

在网络育人开展的过程中，育人主体从最初的单纯利用网络开展思想政治工作，逐步发展到利用网络增进大学生之间的联系和交流，以增强教育正向引导的作用,实现网络育人方式的突破。主要有以下几个阶段特征。

(1)单项式互动与管理和预防并存阶段。在 2000 年之前的入网适应阶段,一方面,网络育人主体主要负责上传育人内容,大学生则注重从网络空间摄取资料,网络育人的主客体之间表现为单向式互动关系;另一方面,这一时期的网络育人工作在管理上主要采用管理与预防等方式应对负面信息的干扰,如通过校园网络管理办法等规章制度来加强校园局域网的管理。同时,利用"防火墙"技术对不良信息进行筛查和过滤。

(2)疏导沟通与交流发展阶段。21 世纪以来,许多网络育人工作者逐步放弃了"防、堵、管"的网络管理方式,通过疏导沟通,如进入论坛,及时关注网络信息与动态,开展与学生的沟通工作和对学生的引导工作。同时,随着 2004 年"中国大学生在线"成功开通,建立了校园资讯平台、社区互动平台、资源平台、活动平台以及工作平台[①]。为开展网络育人提供了更为强大的载体,大学生主动积极参与丰富多彩的网络活动,教育主客体进行了深入的互动对话和资源共享模式。

(3)充分互动阶段。在这一阶段,高校教育者通过利用社交平台(网络)扩大教育主客体的交流和互动。比如 2006 年,上海交通大学建立了"思政教师博客圈",有效地实现了"线上思政"和"线下思政"的有机结合。2009 年后,高校教育工作中纷纷渗入博客、SNS 互动社区、微博等互动社区平台,通过与受教育者的互动交流实现教育引导。随后发展的如教育部的"易班"等平台,将网络育人的队伍建设、大学生的日常管理平移到网络平台,有效地实现了思想政治教育线上线下的互动、互补[②],将教育者和受教育者之间对话引向这一类平台,极大地突破了课堂的局限,大

---

① 思正.全国高校思想教育示范网站——"中国大学生在线"正式开通[J].思想理论教育导刊,2004.(6):77.

② 李兴华,刘智斌.利用"易班"构建网络德育工作新模式[J].思想理论教育,2011(13):86-88.

大促进了教师与大学生之间、主客体之间的线上交流。

（4）平等对话与浸润熏陶阶段。在网络社交阶段，网络育人也不断从单向灌输向平等交流转变，但是，传统教育不仅内容单一，而且其理论的概括性使育人缺少亲和力，不利于育人效果的提升。因此，随着网络社交平台的出现，教育者可以互动的方式与受教育者展开对话交流，洞悉受教育者的思想动态，同时运用主流意识形态引导受教育者的思想行为，育人过程从内容生硬的灌输转变为有温度的对话交流，提升了网络育人的效果。学校充分利用教育部"易班"等平台，集中力量建好基于"易班"的校园学工平台，将各部门"数据孤岛"联通，以实现教育资源一网统筹、学生事务一网办理、思政教育一网承担的目标，建设符合学生需求，具有思想性、教育性、服务性、娱乐性和安全性的高校育人网络。

同时，新型教育主客体关系已经形成。一方面，教育者与受教育者共同参与到网络活动之中，教育内容的生产和传播由教育者和受教育者共同完成，在一定程度上淡化了教育主客体的边界。另一方面，教育主客体处于一种平等互动的关系，教育者与受教育者之间建立起一种互动、对话的关系，这种关系超越了传统的主-客模式，而进入主-主模式、主体间性模式。同主体性网络育人相比，主体间性网络育人在处理教育者、受教育者的关系时，不是单纯地发挥教育者或受教育者的主体性，而是将教育者、受教育者都看作独立的主体，并相互承认、尊重对方的主体身份，既肯定自我的存在，又关照他人的存在，在平等、和谐的关系中真正实现教学相长。这样的方式，体现了"以人为本"的教育理念。同时，在主体间性网络关系中，教育者、受教育者都是作为主体参与网络实践的，彼此地位平等，受教育者的主体性在社交互动技术的支持下得到不断释放。

（三）网络育人理论研究的发展与经验

理论研究提升了网络育人深度，深度育人有赖于理论的支撑，这也是回应现实问题阐释力的必然选择。在网络育人的过程中，理论研究曾经一度聚焦于现象的描述，缺乏对基础理论的挖掘，造成理论与实践之间的脱节,在某种程度上也降低了网络育人的效果。理论工作者只有围绕网络育人的概念、规律、模式等理论问题开展深入探究,才能推动网络育人研究的深化、系统化,才能增强理论的解释力,从而为实现深度育人提供条件。

1.理论研究的转变

从理论研究的层面看,网络育人主要表现在意识、内容、程度等方面。

一是意识从自发到自觉。网络育人理论研究始于网络对人们行为的影响,研究具有一定的自发性,尚未形成明晰的研究边界。后来,一些学者逐渐摆脱自发状态,开始了自觉主动的探索。

二是内容从分散到系统。随着网络育人的发展,理论工作者在网络育人的问题、理论等方面积累了一些研究成果,涉及网络育人的本质、规律、原则、机制等诸多方面,实现了研究从分散到系统的飞跃。

三是程度从浅显到深入。理论工作者不再局限于现象问题的描述,开始对一些理论进行深入分析,包括网络育人的范畴体系、本质、实践及矛盾等,即从"网络育人'必要性'向'规律性'转换",体现了研究程度的深化。

2.研究成果的经验积累

经过多年的努力,网络育人理论成为具有一定规范性的学科体系。主要体现在以下几方面。

(1)概念界定从无到有。在研究初期,一些研究者将网络育人等同于网络思想政治教育,且在一些论文或者场合往往将两者混合使用。2000年,刘梅、韦吉锋从网络工具论的角度界定了网络育人的概念与内涵,解决了网络育人概念界定不准确的难题。[①] 后来,一些理论工作者超越网络的工具性,从网络本质的角度将网络育人的概念界定为"网上双向互动

---

① 刘梅.思想政治教育的现代方式:网络思想政治教育建设[J].思想理论教育,2000(4):43-45;韦吉锋.关于网络思想政治教育界定的科学审视[J].学校党建与思想教育,2003(2):51-53.

的虚拟实践活动"。随后网络文化的概念也被提出。未来研究应在梳理网络育人成果的基础上,结合高校网络育人实践,对网络育人的概念进行界定,推动网络育人理论研究的规范化。

(2)研究成果不断增加。以"网络育人"为主题在中国知网进行搜索,结果显示,2000年至2006年,网络育人的文献共有960条。而到2020年,研究成果数量实现了跨越式发展,一大批有分量、有影响力的基础理论成果产生,如《网络思想政治教育概论》《网络思想政治教育论》《网络思想政治教育研究》等。在研究对象上,边疆和民族地区的网络育人也被逐步纳入网络育人的研究范畴,一些学者在探索中西部高校网络育人共性的基础上,进一步分析了西部地区高校网络育人的特殊性。

(3)研究视域由偏近全。近年来,一些学者从传播学、管理学、心理学的视角研究网络育人,力求实现思想政治教育与传播学、管理学、社会学的深度融合,不断引入"议程设置""意见领袖""自我效能感"等理论,发掘网络育人的内在机理与规律,为网络育人实践路径指明方向。

(4)研究深度由浅入深。一开始,网络育人的理论研究视域比较单一,而学者对网络育人的内容、队伍、真谛、方法等方面进行的探索,为系统性建构研究体系打下了基础。一些学者不再仅仅停留于现象描述,而是深入挖掘网络育人的本质,如构建网络育人理论模型,对网络育人的理念、特征、机制、技术手段进行分析。在此过程中,也出现了一系列的成果,体现了网络育人研究深化的趋势。

二、高校网络育人的历史经验

伴随着网络技术的更新升级,我国高校网络育人的发展也经历了一个渐进发展的历程,其发展又反过来推动和促进了网络平台、内容、队伍、方式方法的变化发展,切实推动了高校网络育人工作进入新时代。

（一）网络育人工作必须与互联网、大数据的时代特征、学生特点相融合

思想政治工作必须贴近时代特征、贴近社会热点、贴近教育对象，引入先进的大数据战略管理理念。不论未来社会如何发展，科技如何进步，"立德树人"都将是我国教育的根本任务。思政工作者作为高校中与学生走得最近的一批人，更应始终以"学生""思想政治工作"为出发点，学会使用大数据的分析技术为网络育人提供重要保障和支持，掌握、了解网络时代大学生的基本思维规律，发现学生成长规律，解决学生所面临的现实问题。

1. 需要主动掌握平等对话的主客体关系

网络育人是"十大"育人体系之一，遵循思政育人规律是网络育人的题中应有之义。高校思政工作者要积极主动引导大学生做网络思政教育的改革创新者，以社会主义核心价值体系为引领，通过具体生动的社会实践，努力培养大学生的创新创造思维和实践动手能力，提升学生综合素养，进而更好地为学校、社会和国家服务。思政工作者要主动承担学生网络世界引路人的角色，主动走进和融入学生的网络世界，与学生在移动互联网上交流思想，守护好大学生的网络精神家园；要善于学习和自我提升，合理有效配置、使用网络资源，坚持正确的育人导向，鼓励学生参与网络育人实践和文化建设，充分调动学生参与网络育人的积极性，集中学生智慧，合力打造网络育人共同体；要善于打磨自己，锻造自己，主动参与网络治理和舆论引导，不断提升网络舆情应对能力；要注重方式方法的创新，摒弃经验主义、说教的做法，善于借用最新的科技丰富网络育人方式方法，善用大数据观察和分析学生成长发展需求，捕捉最能引起学生兴趣的点，开展线上线下的针对性教育工作。同时，开展网络育人工作，必须要注重内容、内涵建设，必须贴近学生实际需求，注意与大学生网民的平等性对话，运用灵活多样的形式进行普遍性和个体性教育，以

"网络吸引"建好平等互动的网络社区,开创立体化、多元化的思政教育新局面。

2.需要准确把握新时代受教育者个性化发展的特征

很长时间以来,网络育人已不再只是笼统或整体地关注学生的共性问题或特征,精准管理、精细化服务已经成为网络育人工作的重要一部分。网络育人也更加关注学生个人的气质、品格、情感等,在整体思政模式下更加关注和尊重学生个体的成长发展需求,因此,网络育人的针对性和实效性也更加明显。新时代网络育人工作必须牢牢把握个性化发展方向,关注个性化发展中的问题,要密切关心关注大学生网络个性化发展的正常养成,促进其与网络思政个性化发展同向同行。

3.需要准确把握新时代网络社会化发展的特征

过去很长一段时间以来,我国高等院校开展网络思政建设,多是在校内或教育领域内单打独斗,容易形成一张网页的孤岛,网络育人缺乏社会化力量的注入,合力开展大学生网络思想政治教育的场景较少。但是,学校教育的开展必须与社会的发展和需求相适应,也要借助于社会的发展推动学校教育的进步。事实上,高校网络育人工作的推进,很大程度上得益于社会层面互联网技术的进步,尤其是互联网企业的发展。因此可以说,如果没有互联网权威公司的支持,高等院校网络育人社会化发展将会寸步难行。比如有的高校网络思政的内容和素材比较单一,要么过于理论化、学术化,与师生的日常结合度不够,要么缺乏最新资讯、新鲜实例和新形式,缺乏新颖性、吸引力,这些情况的出现都是因没有充分认识网络育人的重要性、没有把握新时代大学生特性和需求而造成的。伴随"互联网+"向纵深方向发展,万物可以互联,"互联网+思政"的发展也必将迎来现实世界与虚拟世界的深度融合,更多的社会化资源将会注入网络育人过程。多种资源的共建共享、技术的运用更新,都将不断拓宽网络育人的社会化发展路径。

(二)新时代网络育人工作必须与传统教育紧密结合

1.需要数字化育人与传统方式有机结合

网络的普及为我们的工作学习提供了诸多的方便,网络已延伸到生活的方方面面,大数据也为我们提供了海量的信息,但信息再庞大,也不可能完全覆盖学生生活的全部,比如学生的内心想法,我们是无从得知的。育人是做"人"的工作,是一项多元立体全方位的工作,不是抽象的工作。网络数据的对象是数字、代码,是科学的、理性的。育人工作的对象则是学生,做学生的工作需要投入感情,需要注入力量,需要给予能量,因此有时必须是感性的。学生遇到问题时的苦闷、烦恼、忧伤等,并不会在数据中得到简单、及时的反映。数据的真实性核实、个性化育人辅导,不可能只是简单地通过数据模型加以破解,仍需要依托传统的面对面、心贴心的思政工作方法才能实现。传统的思政工作所要求的各项技能和专业知识,在大数据思政育人时代也必须进一步加强,不能削弱。数据只能辅助育人工作,不能决定育人工作的全部。只有将数据分析与传统手段有机结合,对学生思想可能发生的变化进行综合研判,对可能发生的倾向性问题做到未雨绸缪,第一时间掌握热点话题的话语权,才能始终不断巩固思想阵地。

2.需要实现网络育人制度化同步推进

制度完善是规范网络行为的重要保障,历史经验告诉我们,网络育人只有配套完善的规范制度,才能朝着正确的方向继续发展。在国家层面,我国在20世纪90年代初接入互联网以来,相继制定出台一系列规章制度,一定程度上规范了我国互联网的建设和发展,有效抵制了网络空间的某些不良影响,为大学生网上活动创造了和谐的环境。相应地,高等院校也在遵循国家规定的基础上,制定了符合本校实际情况的互联网相关规章制度,建设运行了具有本校特色的校园网站等,对规范大学生正确使用互联网作出了较为明确的规定。然而,相关的制度规范还有待完善。比如针对有些大学生网民身心健康问题的关注、引导和帮扶制度依然不够,对有些大学生过度网络化后的自我迷失,社会存在感、参与感和责任感的缺乏等身心问题的纾解和指导帮扶也较少;有的大学生线上与人交流十分活跃,线下交流零能力;还有的大学生将情感转移到网上,以此摆脱现实世界的约束和压力。同时,对于大学生网络失范行为的惩处制度还较少,有些学校即使有相关规章制度,但出于对学校和学生的保护,对违反校园网络规定的大学生,不能严格按规章制度给予相应的处分。

(三)新时代网络育人必须做强队伍建设

当今社会,各行各业的竞争,归根结底都是人才的竞争,尤其是高素质、高水平人才的竞争。一支优秀的队伍,不仅能够吸引高素质人才,更会"自产"高素质人才,实现人才队伍发展的良性循环。育人队伍的建设对网络育人至关重要。专业化的网络育人队伍是高校网络育人工作顺利开展的重要组织保证。因此,高校要在培养政治能力强、理论水平高、创新意识强的网络育人队伍上多下一番功夫,努力打造一支懂业务、善管理的高效网络思政工作团队,不断提升网络思政工作者的综合素质,这对更好地适应网络时代的发展要求,落实高校立德树人的根本任务,为中华民族伟大复兴的中国梦积聚人才力量至关重要。

1.做好网络育人队伍的选拔

2015 年,中共中央办公厅、国务院办公厅印发的《关于进一步加强和改进新形势下高校宣传思想政治工作的意见》明确指出,高校要创新网络思想政治教育,着力培养一批导向正确、影响力广的网络名师,建设一支由学生和青年教师组成的网络宣传队伍。强调要着力加强教师思想政治工作,坚持不懈用习近平新时代中国特色社会主义理论体系武装教师头脑,进一步健全教师政治理论学习制度,实行学术安全培训制度,深入推进哲学社会科学教学科研骨干和思想政治理论课骨干教师研修工作,建立中青年教师社会实践和校外挂职制度,重视在优秀青年教师中发展党员。要扎实推进师德建设,落实高校教师职业道德规范,完善师德建设长效机制,实行师德一票否决制,完善加强高校学风建设办法,健全学术不端行为监督查处机制。要严把教师聘用考核政治关,探索教师定期注册制度。由此可见,党和国家对高校宣传思想政治工作高度重视。因此,高校要按照党和国家的要求,积极选拔培养一批网络技术强、思想素质硬、教育理念新的专职管理人员,牢牢把握网络育人的主导权;选拔一批思想觉悟高、政治敏锐度高、业务能力强的学生骨干队伍,让其成为专职网络育人队伍的重要补充,发挥"朋辈互助"的作用,使网络育人工作更加接地气、更加有针对性。

2. 加强网络育人队伍的培训

首先,要结合网络育人工作实际,制订科学详尽且有针对性的培训计划,深入研究网络育人规律,常态化地开展技术开发和普及、网络分析和查看、安全管理和监督学习实践。其次,要利用好线上线下的资源,通过请进来、走出去等多种方式开展集中学、网上学,通过演讲、讨论、讲座、宣教等形式开展高校网络育人队伍成员培训教育,尤其要建立长效的培训制度来保证网络育人复合型人才所需知识的系统性和实用性。要善于推动队伍及时主动开展相关网络应用实践,让各类信息技术能够为我所用,成为高校网络思想政治教育的积极力量。

3. 完善网络育人队伍管理机制

要建立网络育人工作长效机制,制定高校网络育人队伍管理办法、考核奖惩制度,从学校层面畅通网络育人队伍职称晋级、职务晋升等通道,以此来激发他们的工作热情和干劲。只有拥有健全的管理制度,使相关工作有据可循,网络育人队伍建设的长期性、持续性等特点才能得到落实,相关的工作举措才能落到实处,也才能切实提升队伍的能力水平。

（四）新时代网络育人必须加强网络育人内容建设

1.紧紧把握网络育人生活化的规律

在网络世界中,新时代大学生可以说是原始住民,网络给他们带来了现实世界无法感知和体验的乐趣和自由。可以说,他们的世界是无网不欢,网络已经深刻烙进他们的生命历程。在网络世界里,教育者和受教育者会经常处在虚拟化的状态中。从当前的情况来看,这种虚拟化的状态和趋势仍将继续存在。

2016年以来,我国高校网络育人主动适应时代变化,回应网络育人生活化发展规律,学生思政工作者积极担当作为,深度融入大学生的日常生活学习世界,深入挖掘蕴含其中的思政育人元素并积极开展思想政治教育工作,让学生深刻地感受到思政工作者真正在为他们的成长成才用心用力工作。通过在网络上和现实生活中同步关切学生的利益诉求和成长需求,高校思政工作者进入大学生的内心世界,凸显了网络思政生活化的优势,有效推进了高校网络育人的开展。

2.树立"内容为王"的精品意识

网络育人要坚持网络教育产品的高质量输出,要努力把优质的思想文化内容呈现给学生,用青年学生喜闻乐见的、生动有趣的方式吸引、凝聚他们。要在关心、关爱、关照学生中强化交互思维,把真心真情投入学生思想政治教育工作中,认真细致地把握学生的利益诉求和成长需求,有的放矢地开展个性化服务,增强网络思政教育的针对性。要结合大学生的成长成才需要,用新时代大学生喜欢和易于接受的方式,丰富网络教育产品供给。例如,利用网络开展网上"快闪"活动,把线下的思政教育成果在某个时间段集中搬到网络上,形成网络"快闪"效应;利用网络连线的方式共享各地思政教育资源,实现跨越千万里的云端打卡联动;让数字媒体技术打破高校间的空间隔阂,让历史场景、图画和文字同时在学生面前"活起来",构建网络思政学习教育共同体;制作大学生更容易接受的板报、剪纸、漫画、手绘、舞蹈、小视频等,采用大学生更容易接受的网络形象和语言,提供有温度、有厚度、有力度的文化产品,把大学生吸引过来、统一过来。当前,青年学生对优质的网络思想文化产品的需求十分强烈,高校理应顺应这种要求和发展趋势,打造一批有内容、含真情、接地气的网络教育资源,积极推进网络育人精品的持续供给。积极发挥教育部"易班"思想政治教育和"数字画像"大数据分析优势,将两者深入融合,挖掘数据价值,提升数据质量,围绕大数据育人开展一系列网络育人类品牌活动。注重成果转化推广,继续做好"数字画像"数据决策系统的开发工作,建成成套体系的大数据精准驱动,做好思想政治工作平台。高校必须加强新闻宣传,提升影响力,切实推动思想政治工作质量提升工程,打造可示范、可引领、可辐射、可推广、可持续的以大数据为特色的精品工作项目。

3.整合资源,创建网络与大数据育人品牌

网络育人的社会化发展特征要求高校的育人工作汇聚社会各方面的力量,共同推进大学生思想政治教育工作。高校要提升政治站位,立足建设网络强国的高度,做好网络思想政治教育的顶层设计,系统谋划和推进建设;要统筹网上网下,形成思想政治教育工作合力。要善用区位资源,充分挖掘运用当地红色文化、历史文化等资源,并将这些教育资源用到网上,与现代网络科技有机结合,实现协同育人;要推动高校之间互通有无,打破高校内部各部门间"数据孤岛",打通多部门和校内外数据资料,建立融合数据库,夯实数据底座,实现数据融通共享。高校要找准适合本校的场景"小切口",加快特色应用的衍生开发和迭代升级,推进高校心理助人在线学习平台、智慧党建平台、成长引导体系、全场景未来社区等的建设,着力打造一批有特色、有亮点、易推广的跨场景应用。

(五)新时代网络育人的实践典型——以杭州电子科技大学为例

数字化改革是新时代新阶段高校落实立德树人根本任务、守好红色根脉基石的重大战略举措。近年来,杭州电子科技大学坚持以习近平新时代中国特色社会主义思想为指导,坚守"为党育人,为国育才"的使命担当,立足电子信息类的办学特征与优势,以构建党建统领的整体智治体系为目标,以数字化改革为牵引,以抓深抓实大数据仓和应用场景建设为关键,以精准思政和智慧党建平台建设为抓手,把党的领导贯穿办学治校、教书育人全过程,切实提升高校党建和思想政治工作质量,引领和推进"三全育人"走深走实。

1. 深化学生事务的"最多跑一次"改革,打造学生在校全周期事务办理平台,实现一站式服务

"最多跑一次"改革是浙江省委、省政府向浙江省人民的庄严承诺,是省委、省政府向全省人民作出的承诺,体现的是以人为本,蕴含的是观念革新,推动的是转型发展,是一场从理念、制度到作风的全方位深层次变革。作为浙江省首批五所重点建设高校之一,该校积极响应省委、省政府的号召,由学生处牵头梳理、整合、优化各部门涉及的学生事务流程,建立贯穿学生校园学习生活全周期、涵盖学生事务办理全领域的线上办事大厅,向师生提供"入学、在校、毕业离校"全过程、全终端的一站式服务,如迎新、奖学金助学金申请、贫困生认定、新生入学教育考试、就业信息获取、毕业生离校等事务服务,涵盖线上学生事务大厅、辅导员工作平台、迎新系统等产品。实现包括退改所选课程、请假、查课表、查成绩、查绩点、查图书馆借阅信息等在内的学生高频事务 100％网上办理,实现学生事务从"最多跑一次"到"一次都不用跑"。

2. 开发"上课啦"学业考勤系统,推进教与学融合发展

课堂管理是学风建设中的"老大难"问题,传统的课堂管理主要依靠教师课堂点名,当前也出现了很多的点名方式,如拍照点名、扫二维码点名、人脸识别点名等,但这种考勤方式为点名而点名,对考勤结果既无反馈,也无处理意见。学生旷课信息滞后,不能实时同步;教师、辅导员双向联动缺失,不能及时主动干预、帮扶学生。如何解决?杭电师生协作,经过半年的研发,开发出基于"协同创新""过程管理""大数据分析"理念的课堂考勤管理系统,学生给它起了一个可爱的名字——"上课啦"。原先100人的课堂,考勤至少需要8分钟,现在最短仅需15秒就能完成,大大提高了教师管理课堂的效率。通过"上课啦"的使用,学生到课率显著提高,现在每天平均到课率达97.6%以上,比2018年提高约10个百分点。同时"上课啦"还搭载智能AI语音提醒系统,点名一结束,系统自动连接智能AI语音系统,给旷课的学生打电话,提醒学生上课,同时告知旷课的纪律细则。系统也会将考勤数据实时同步给辅导员,并对学生旷课原因和行为进行分类分析,提醒辅导员进行主动干预。

"上课啦"小程序解决了学风建设的大问题,"上课啦"和智能AI语音系统助推学风建设的举措受到澎湃新闻、《人民日报》海外版、《联合早报》、中央电视台新闻频道的点赞报道。

3.精准思政大数据一体化平台助推学风建设数字化、智能化

"上课啦"点名系统为该校发现学业困难群体找到了突破口,不仅可以更加精准地帮扶学业困难学生,还可以让学业困难群体的帮扶从需求导向转为主动帮扶、提前帮扶、精准帮扶。该校在将大数据运用于学生教育管理和服务方面进行了积极探索,研发了"精准思政大数据一体化平台",现已经上线"精准学业帮扶""精准心理健康教育""精准资助""精准就业帮扶"四大系统。

精准学业帮扶系统针对实时帮助学业困难学生不及时、帮扶效果难以跟踪的问题,采集基于"上课啦"点名系统和教务处成绩系统的成绩,进行累计分值五级预警。试读或退学警示2次定为一级预警,退学警示1次定为二级预警,挂科7门以上定为三级预警,挂科3~7门定为四级预警,学期旷课累计超过15个学时定为五级预警。该系统率先在国内高校实行学业预警分级。学业预警系统协助辅导员、任课教师和学院及时关注了解学生的学习状态,精准定位学业困难学生。系统将学业预警信息推送给辅导员,催促并提醒辅导员与学生谈心谈话,密切关注学生学习动

态,适时引导,及时警示干预,给予精准帮扶。

精准心理健康教育系统可主动发现疑似心理问题学生,形成综合预警名单。心理健康中心将综合预警学生诊断信息上传到系统,同时推送给辅导员、学院学生工作负责人、学生处相关负责人。辅导员定期进行访谈,通知家长,将记录上传到系统,系统将长期保存。以此建立四级预警分析模型。一旦学生偏离习惯性轨迹,就触发报警阈值,通知辅导员等,方便老师和领导及时介入并给予疏导和帮助,提升管理的及时性和有效性。

精准资助系统将一卡通消费记录、用水用电数据、上网行为数据等进行整合,对明显低于平均消费水平的学生进行隐性资助,筛查形成疑似贫困、疑似虚假贫困数据,并通过资助分析形成学生画像,为资助育人跟踪提供大数据决策,解决隐形贫困大学生的资助问题。

精准就业帮扶网络平台在"互联网+就业"的工作思路下,将学校原有的杭电就业网云平台、"易班"app杭电就业微平台、杭电就业官方微信公众号平台等多个网上就业阵地进行整合,并纳入学校精准思政大数据一体化大平台建设中。该平台在新冠病毒肺炎疫情防控期间发挥重要作用,通过大数据赋能高校就业管理,实时掌握毕业生就业动态,对毕业生分层分类指导,及时向毕业生推送优质岗位,不断提高就业工作的针对性、科学性和精准性。

通过以上网络平台的搭建,该校逐步实现了"让学生不得不来""让学生来了管用""让学生用了都说好"三步走方案。在此基础上,该校创新思想政治教育全员覆盖的活动载体,通过集结超过99%的杭电学生用户的"易班"网络平台,创新了"我爱记单词"等学生喜欢的活动,同时也将校团委的第二课堂搬到学生喜欢的网络阵地,实现了活动自主申报、自主参加、活动创建、活动审核全网络办理流程,并记录每一位学生第二课堂的参与痕迹,形成学生第二课堂成绩单。通过网络平台实现思想政治教育全员覆盖,提升思想政治教育实效。

特别是在新冠病毒肺炎疫情防控期间,杭州电子科技大学打造了疫情防控大数据智能生态场,助力教学秩序正常运行。2020年5月1日假期,杭电在浙江省高校中率先开学。该校对学生健康打卡系统、学生返校申报审核系统、校园管控人脸识别系统、杭州健康码系统、学生离校请假系统实行多数据关联,消除数据孤岛,整合形成"杭州电子科技大学疫情防控指挥驾驶舱",实时更新在校人数、打卡情况、健康状况、离校请假情况、突发状况等关键信息,实现"一张图"呈现学校疫情防控总体情况,助力教学秩序稳定有序。该校将学生请假管理系统数据共享给校门管控系统,实现请假审核和校园进出数据同步,做到辅导员"一键审核",学生"刷脸进出"。学生2小时离校由辅导员审批,超过2小时由学院副书记审批,对学生请假生成"计时码",精准到点,超时消码,有序管控,形成"最短时段"的时区网格管理,通过最小空间网格和最短时区网格强化精准智控。

通过网上办事大厅、小程序、精准思政系统的驱动,杭州电子科技大学在学风建设方面取得了一定成效。近3年全校退警学生数从460人大幅度减少到110人。学生整体班风学风良好,优秀学生培育成果显著,2021年本科毕业生升学率(33.74%)在2019年(22.27%)的基础上增长了51.5%。

学风建设的持续改进得到家长和社会各界的认同,表现为:近年来该校招生录取分数线持续走高,就业质量持续提升。2020年该校学生在华为的就业人数为642人,在海康威视的就业人数为872人,充分体现了该校对浙江省、杭州市数字经济发展的支撑作用。

当前该校精准思政工作已取得一定成绩。"易班"平台领跑省内高校,"上课啦"荣获2020年度全国高校易班技术创新大会应用研发类二等奖。

4.聚焦"智慧思政",强化"浙里成长指数"的应用推广,赋能网络思政迭代升级

2022年2月,教育部公示了年度的高校思想政治工作精品项目,该校申报的"以精准思政大数据一体化平台为载体,构建多跨协同集成创新的系统育人场景"项目获批。这是该校继 2020 年获得高校思想政治工作精品项目"以'最多跑一次'为契入,构建全过程网络育人平台"之后再次获批的项目,该校是省属高校唯一一所三年内连续两次荣获教育部项目的高校。该校将以精品项目建设为动力,持续打造网络思政的工作亮点。

该校以推动完成教育部思想政治工作精品项目为契机,着眼整体人才培养体系,以智育、体育、社会适应性为二级指标,由学业指数、学科竞赛指数、创新创业指数、体育指数、第二课堂指数、劳动教育指数等构成"杭电成长指数",形成杭电学生数字画像全息图,系统动态反映学生成长状况。2022 年,考研指数 1.0 版已经上线,5 月份已上线考研指数二期,拟于 10 月份上线体育指数,力争年底上线全部成长指数。

第四章 新时代高校网络育人的困境、挑战与机遇

第一节 新时代高校网络育人的困境

一、高校网络育人的思想认识不足

1. 网络育人重要性认识有待加深

自高校开展网络育人以来，一些高校在思想政治教育与网络技术的融合方面进行了有益的探索与实践，并取得了诸多的成绩。但是，由于多种因素的影响，有的高校却不能从立德树人和人才培养的任务和高度来认识网络育人的重要性，网络育人停留在口头上、文件中，不能够建立可行的、有针对性的措施；有的高校对网络传播规律和网络下大学生身心发展规律研究不充分，不能根据网络传播规律和大学生的思想行为特点创新思想政治工作，对突发事件反应迟钝，对网络热点问题没有很好地发挥思想引领作用；甚至有的高校错误地认为网络育人就是第二课堂，思想政治理论课作为思想政治教育的主渠道，对"慕课"等

网络教学方式不敏感,教学方法因循守旧,效果不佳;有的高校科研人员、管理人员、后勤人员对网络育人的认识高度不够,认为网络育人是学生部门主导的工作,自身与此关联度不大,并没有网络育人意识、网络育人能力,他们认为网络育人只是辅导员的专属工作任务,不能将学生的服务、生活、管理、学习结合起来,全网育人局面与理念尚未形成;有的高校网络信息水平不高,相关职能部门缺乏相关的全局性网络安全防范与化解体系,尤其在运行中后期的保障维护力度不足,对网络安全关注度不够,加大了信息化建设的风险隐患,网络安全防护指数较低,不能做到防患于未然。

2.网络育人困难认识有待强化

辩证唯物主义认为,矛盾无时不在,无处不在,矛盾是社会进步与前进的动力。随着网络技术的发展,高校及其教育工作者对于网络教育过程中的矛盾必须有充分的认识。对网络育人过程中的矛盾认识不足,在某种层面上将会影响思想政治教育工作发挥作用。"网络育人的新矛盾即网络空间中人们日益增长的美好精神生活需要与网络育人信息供给之间的矛盾。"[①]高校只有对网络育人过程中的矛盾有深刻的认识与全面的把握,才能把握好网络育人"变与不变"的辩证关系。一是某些高校不能够正确认识网络系统建设落后与学生的要求之间的矛盾,难以更好地发挥网络育人的功能。二是有的高校不能够正确认识与分析大学生文化多样性与网络教育内容单一性之间的矛盾。在新形势下,大学生的需求是多样的,呈现出"因时而动"的特点,但是有的高校网络教育内容供给相对滞后,缺乏时效性。三是大学生对网络技术的期望与教师信息化水平之间存在差距,有的教师网络教学能力不足,对所任课程的教学课程设计、教学活动、教学效果产生了一定的影响。

---

① 谢玉进,赵玉枝.新时代网络思想政治教育的新矛盾及其新要求[J].思想政治教育研究,2019,35(1):149-153.

3.网络育人理念认识有待提高

习近平总书记指出:"发展理念是发展行动的先导。发展理念不是固定不变的,发展环境和条件变了,发展理念就自然要随之而变。如果刻舟求剑、守株待兔,发展理念就会失去引领性,甚至会对发展行动产生不利影响。"①高校网络育人理念不明确,不仅影响到高校思想政治教育的成效,还会制约与影响校园文明建设、学风建设。网络教育理念不明确具体表现为:高校网络育人理论与实践相脱节,网络育人的制度、政策在短时间内难以落实。一些教师缺乏探索精神,对网络教学只是停留在表层的认识,没有深刻认识到信息技术与现代教育融合的意义。实践经验表明,一些高校由于网络教育理念的缺失,在一定程度上影响了学校思想政治教育工作的创新与发展。具体而言,有以下几个方面:一是有些高校认为把思想政治教育放到网页就是网络育人,没有考虑教育的效果;网络育人不应仅仅只是把思想政治教育内容放到网页这么简单,它还包括数据维护、信息更新、反馈等。二是一些高校把网络育人视为迎接检查或完成上级要求的任务,缺乏统一的规划与部署,如此一来,虽然部分高校的思想政治教育网站众多,但是具有影响力的网站却寥寥无几,不能很好地发挥思想引领的作用。三是一些高校把育人网站当作"公告栏",认为网络育人网站的建设就是为了发布各种信息,没有考虑网络育人的互动性,没有认识到发布信息只是网站部分功能,育人网站更是互动交流的平台。

二、高校网络育人队伍有待加强

1.网络育人队伍力量需要扩充

网络育人需要一支政治素质较强、业务能力精湛的队伍。然而,我国

---

① 习近平春节前夕赴江西看望慰问广大干部群众 祝全国各族人民健康快乐吉祥 祝改革发展人民生活蒸蒸日上[EB/OL]. (2016-02-03)[2022-01-13]. https://news.12371.cn/2016/02/03/ARTI1454502538865716.shtml.

部分高校缺乏专业技术过实、政治素质过硬的网络育人队伍,缺乏既精通网络技术和思想政治教育理论,又具有家国情怀和丰富实践经验的教育工作者,网络育人队伍力量尚不足。在网络育人的过程中,实现思想政治教育与网络之间的高度融合,不仅需要一定的政治素质、专业知识,还需要能够熟练地运用网络技术的能力。然而,一些高校思政工作者网络信息技术总体水平不高,存在理论知识和网络知识"两张皮"的现象。部分教师虽然具备一定的计算机操作技能,但网络技术的运用不熟练,大数据思维比较欠缺,对新媒体的特点还缺乏足够的了解,对网络环境下如何开展思政工作的经验和技巧不足,工作的有效性和针对性不强。一些教师不知道如何运用、分析海量信息,及时了解学生的思想动态和实际需要,不能很好地将学生思想意识内容转为可视化数据,也不能够通过数据挖掘、勾勒学生整体状况和个体发展差异。

2. 网络育人队伍素养需要提升

网络育人队伍的职业素养不足主要表现在以下几方面:一是网络育人的应有技术欠佳。网络育人是通信技术、大数据技术、计算机技术、多媒体技术等的综合应用体。随着微课、在线课堂等迅速发展,高校运用网络载体的能力逐渐提高,但是高校教师和工作人员并非专业技术人才,在运用网络技术的过程中,对网络技术运用不熟练,无法很好地优化网络中的思想政治教育信息。二是缺乏学习网络知识的主动性、积极性。一些从事思想政治教育的教师如辅导员,由于专业背景等因素,加之工作事务繁忙,没有时间、精力补充学习网络知识,网络技术水平低。同时,也有一些思政工作者,由于年龄或网络技术应用问题,无形之中与学生产生了一条鸿沟。三是信息辨别能力较弱。对于网络不良信息甄别能力不足,不能够及时制止一些学生在网络上进行黑客攻击、传播不实信息等行为。

3. 网络育人队伍专业性需要突显

大数据下网络育人工作需要专业的人才体系来支撑。这个人才体系主要包括辅导员队伍、网络管理人才、专业技术人才等,这些人才应是既具备大数据基本能力,也精通网络育人的复合型人才。当前,我国大数据人才正处于供不应求的状况。受经济待遇等因素的影响,投身于高校思想政治教育行业的大数据人才、投身于高校学生思政工作系统的大数据人才都是凤毛麟角。要真正发挥网络育人作用,就必须掌握大数据技术。不解决基础人才的支撑问题,网络育人就会变为“思政＋网络”,而非“网络＋思政”,其导致的结果就是无法有效推进高校思想政治教育的内涵式转型,反而会逐渐陷入单纯技术投入的异化行为。高校应在校内聘请1～2个大数据兼职人员,邀请校外的大数据专家担任技术顾问等,打造全员和专员、全职和兼职、全心和操心相结合的工作队伍,突显网络育人队伍的专业性。

三、高校网络育人管理制度还不够成熟

高校网络育人缺乏相关机制的驱动,没有形成常态化的竞争合作机制、具有吸引力的互动反馈机制、科学有效的舆情研判机制、动态多维的激励评价机制,不能够适时、适当地调动育人的驱动力,因而难以形成多方共赢的联动力,导致网络育人队伍的工作原动力不足。

1.网络育人组织领导机制有待提升

虽然近年来高校充分重视网络育人活动的开展,成立了网络宣传与管理工作领导小组、网络安全和信息化领导小组等,并从学校层面加强统筹领导,形成了部处协同、校院联动的工作机制,但实际开展网络思政教育过程中,高校开展新时代大学生思政工作的实践效果差别较大,部分高校思政教育工作者没有把网络育人置于提升高校治理体系和治理能力现代化的视角看待,没有把其当作学校一项重要的任务来抓,而是看作一项表面任务而敷衍对待,不能有效推进其与学校各项工作相互促进。在网络育人工作中,有些高校依然套用传统的教育模式,网络仅仅发挥了互联网的工具作用,无法为高校提供高水平教育管理服务,高校没有整体系统

地推进网络育人体系建立,难以形成全员育人的合力。

2.网络育人协同配合机制有待完善

一些高校的部门有协作但互通不深,主要体现为学工队伍单兵作战,全员育人、凝聚合力不足。要做好思政工作,政治性、知识性都是必备元素,如果高校能够通过网络载体,汇聚领导干部、专业教师、学生骨干,打破部门和学院间的壁垒,充分厘清网络统筹不充分、分工不明确、责任不明晰、平台不通畅等问题,构建融通、融入、融合的育人体系,打好内容生产、资源整合、评估激励的组合拳,就能拓宽网络育人的增长空间。某些高校对网络育人的理解等同于对网络育人阵地的"合并同类项",即将可掌控的网络资源堆积在一起,缺乏对"矩阵"内在要素、结构、性质、机理和机制的建设,网络无法激励和吸引其他治理主体参与教育信息的生产和传播,无法形成协同育人的新局面。

3.网络育人评价的科学性有待增强

一些学校为网络育人设立合理的人才培养目标,建立与培养目标相吻合的数据指标,但没有达到学生在校发展的阶段性能力培养目标,未实现根据评估结果持续更新和优化培养体系等。这些标准应在实践中不断探索形成,只有提升教育价值,以学生发展为中心,才能努力实现数据利用从"基础支撑"到"发展支持"的改进。

四、大数据技术有待加强

1.数据采集渠道不够多样

数据采集是大数据应用的前提,高校对全体学生的全面信息采集具有难度。主要表现在:①数据采集覆盖面不均衡。高校比较注重对本科生的信息收集、分析、处理,研究生的信息采集往往被忽视。②信息采集存在漏洞。如校园一卡通是采集学生信息的关键,然而校园一卡通未必是真实信息,学生借用他人一卡通进出宿舍、食堂消费等行为,必然导致信息误差,影响教师对学生的分析与判断。③信息链不完善。一些高校虽然在校园做到了信息链整合,但分析教育对象并不充分,所刻画的学生画像只是学生的校园生活画像,还需要校外数据信息链加以补充。④数据规模效应尚未形成。数据规模效应指数据样本越大,分析的结论越有价值。一些高校通过对全体学生进行大数据技术分析,开展精准思政,是网络育人的创举;但是,如果样本数量有限,就难以发挥数据规模效应。

2.数据分析方法不够丰富

数据收集的目的是进行有效分析,挖掘蕴含的信息,辅助育人主体开展活动。当前,高校在利用大数据技术方面取得了一定成效,但是对数据的分析依旧不够到位。主要表现在以下两个方面:一是数据的分析主体问题,即由谁负责分析数据。如今,高校数据分析主体有三类:学生工作者,如辅导员等;大数据中心工作人员;职能部门工作人员。数据分析主体不统一,造成分析水平参差不齐,不同主体,分析权限不同,权力越大的主体的分析权限越高,掌握的数据也越多。这容易造成需求与权限之间的矛盾,往往最需要数据资料的一线学生工作者的权限却最低。二是数据的分析过程不充分。数据具有中立性,如果将数据不加分析而直接应用于教育之中,并不会起到教育作用,因此,只有对数据进行充分的分析挖掘,才能得出其中蕴含的教育因素。

3.数据融通共享机制不够全面

实现传统思政教育与信息技术融合,实现数据的共建、共治、共享,需要高校各部门统筹安排,对数据的格式、兼容性、基本要求进行统一部署,避免各自为政,产生"数据割裂""数据分散""数据孤岛"等现象,只有这样才能精确刻画学生画像,形成育人合力。高校需要一定的人力、物力、财力,需要一定的网络体系来支持数据流通。另外,为了更全面地掌握学生状态,需要采集学生数据信息,数据分析的不足容易导致挖掘不充分等问题。

第二节　新时代高校网络育人面临的挑战

一、高校网络育人面临全球化的挑战

1. 全球化对中国经济和政治的影响

全球化一般指经济全球化。经济全球化,是指世界经济活动超越国界,通过对外贸易、资本流动、技术转移、提供服务,相互依存、相互联系而形成的全球范围内的有机经济整体。全球化这个概念最早出现在英语世界。中国经过多年的艰苦谈判,最终加入了世界贸易组织,正式进入了全球化的机制。中国在加入世贸组织后调整了自己的经济结构,迅速地适应了世贸组织的各项规程,并且充分利用全球化带来的契机大力发展中国经济,迅速成为世界第二大经济体。在这期间,中国的经济、政治和文化等各个方面均发生了巨大的变化。全球化所带来的影响不仅体现于中国经济的持续发展和 GDP 排名的飙升,更体现于中国的文化软实力的提升。北京奥运会于 2008 年成功举办,一个生机勃勃的东方大国已经出现。此外,奥运会的成功举办也为中国文化全方位地走向世界铺平了道路。而在这之后,中国先后在上海举办了世界博览会和中国国际进口博览会。

在经济全球化趋势下,中国能够广泛引进并吸收各国的先进技术和经验,在引进吸收并进一步创新的基础上,加快高科技产业发展,最终取得在一些关键核心技术方面的突破,实现中国经济的跨越式发展。

但是,全球化对中国经济安全也产生了一定的不利影响。当前,由于经济全球化的浪潮最初由主要的资本主义国家如英国、美国等发起,因此,他们在资金、人才、金融、贸易、投资等方面有一定的优势,控制着经济、技术等诸多领域。改革开放以来，我国的经济虽然有了很大发展，但在有的领域与西方竞争非常激烈。在经济领域，西方国家为了遏制中国经济的快速发展，以及转移自身经济发展的困境，以人民币汇率、金融市场开放等问题刁难中国，或以中国倾销等为借口对中国制造贸易壁垒，奉行贸易保护主义，中国的经济安全受到威胁和挑战。在全球化过程中，中国要面对各种国际组织制定的规则约束。西方一些国家以经济往来名义，向中国传播西方价值观念和意识形态。

2.网络育人面临西方文化的挑战

在全球化的过程中，通过文化的国际交流与互动，中国的民族文化在世界舞台上已显示出夺目的光彩。中国作为一个具有悠久历史的东方文明古国，在西方看来一直都是个神秘的国度。自从《马可波罗行纪》在欧洲流行以来，西方人一直都对中华文化有极大的兴趣。随着中国全球化进程的日益加快，中华民族文化的对外交流与传播迅速展开。例如，中国目前已在世界上多个国家建立了"孔子学院"，世界上早已掀起了一股汉语热的浪潮。越来越多的外国人，被我国民族文化的独特魅力所吸引。这也恰巧说明了"越是民族的就越是世界的"，中国古典儒家文化当中的和谐思想，对解决现阶段的国际关系冲突，也具有极大的借鉴意义。中国的古典哲学所包含的诸多朴素辩证法的思想，和西方哲学相比较而言，也显现出独特的魅力。

改革开放的历程中，我国政府出台了一系列民族文化保存与发展的措施，通过文化立法、文化保护制度与政策的确立、文化管理等手段，有效地抵御着文化全球化带来的风险，对中华民族文化的发展起到了强大的引导作用。例如，从中央到地方各级政府部门，积极地利用我国民族文化独特的优势申报世界文化遗产。从立法上而言，我国政府早已将端午、中秋、清明等传统节日纳入国家法定节假日。又如2003中国民间文化遗产抢救工程在北京启动；河北省积极推进文化强省建设；具有悠久建城史的南京，于2004年4月举办世界历史文化名城博览会。

在全球化的过程中,我国文化在对外交往、交流的过程中,不断扩大国际文化影响力。但是,国际文化交往,也使高等教育面临一些挑战。一方面,高校育人工作面临国外文化的挑战。英语作为国际通用语言,在资本主义国家传播资产阶级文化的过程中充当了重要工具,作为"网络第一语言"承担发达国家科技、文化、经济、军事传播的语言载体。①另一方面,因网络技术壁垒增加,高校思想政治工作传播优秀传统文化的难度提高。现代信息技术引起了文化领域变革,并且形成一种新型文化形态——网络文化。一个发展中的教育大国,在文化传播最集中的高校传承传统文化,将面临社会信息化的挑战。对于高等教育来说,教育信息的传播方式、教育方式将受到网络等新兴传播方式与手段的考验。② 因此,思想政治教育工作者如果不能把握人才培养的重要价值,那么就会偏离文化育人的价值取向。思想政治工作者必须具备文化人的意识,不断增强文化自觉和文化自信。③

二、网络育人面临新的教育对象

随着现代科技的快速发展,以互联网技术为主要特征的信息网络不断成熟。从网络教育到网络办公,从论坛到微博、微信,高效化、数字化、智能化的社会活动方式和科技手段得到广泛运用并快速推广,信息技术深刻改变并深度影响着"00后"青年的生活方式、交流方式、行为方式、思维方式和聚集方式。新时代青年的多维特征使高校网络育人面临来自教

---

① 张梦雅.文化自信视域下网络意识形态治理创新研究[J].南方论刊,2021(9):110-112.
② 王凤岐,林雄辉.全球化进程中西方文化的扩张与渗透[J].当代世界与社会主义,2001(2):51-53.
③ 于天博.社会思潮对大学生社会主义核心价值体系影响的分析[D].沈阳:沈阳建筑大学,2011.

育对象的新挑战。

1.自信、活跃但独立生活能力有待提高

改革开放以来,人民的主体性不断增强,特别是青年人的主体性,表现得最为充分。重视自我权利、有较强的法律意识,是当代青年的一大特点。遇到问题诉诸法律,重视自我权利的保护和维护等,都是当代青年权利意识的体现。同时,喜欢就社会问题发表意见,是当代青年民主意识增强的表现。在新时代,青年人从现实自我出发看待社会,恰恰是从现实个体出发的体现。在这一点上,无论是在家庭关系、学校教育还是社会交往中都是一大显著变化。新时代的伟大成就激发了当代青年人的强烈自信,青年自信是"四个自信"的重要体现。当代青年人亲历了伟大斗争、伟大工程、伟大事业、伟大梦想的实践过程,国家自信和个体自信同步提升,民族自豪感和自信心也更加强烈,展现出敢于担当的勇气和气魄。"00后"大多为独生子女,在小康社会的环境中出生与成长,从小形成了自信、活跃的特点。因为经济条件允许,很多"00后"大学生有机会学习多种技能,乐器、书法、绘画等方面的一技之长在一定程度上提高了他们的自信与活跃度。有些大学生往往喜欢通过一定的舞台来展示自己,并希望赢得同学的掌声与老师的称赞,他们思维活跃,观念新颖,喜欢自我挑战,是个性特点鲜明的一代。但有的大学生独立生活意识不足,独立生活的能力有待进一步提高。

2.敢于竞争、学习认真,但抗挫折能力需进一步提升

市场经济的利益导向、竞争驱动等属性伴随当代青年的成长,务实是这一代人的基本特征。务实的品质一方面把当代青年和当代社会连接在一起,提高了现实的人和现实社会的结合度。当前,我国社会主要矛盾已经转化为人民日益增长的美好生活需要和不平衡不充分的发展之间的矛盾。社会繁荣发展带来的丰富多彩的生活机遇,给青年职业生涯规划提供了多样化的选择,创新创业和"行行出状元"的多向度发展路径已被多数青年所认同。在这种社会背景下,"00后"大学生具有良好的社会竞争

意识。在学习上,他们勤奋学习,不甘于落后,形成了积极向上的精神状态。一些学生还积极参加各项学科竞赛,充分展示大学生的青春活力。在各项文体活动中,他们积极争取适合自己的机会,展现自我;在课堂上,他们也敢于表达自己的想法与观点。但是,有的大学生对自身的职业规划、职业定位还不是很清晰。由于缺少实际的工作经历,有的青年大学生缺乏新环境的适应能力和抗挫折能力。[①]

3.计算机技术水平较高但对网络有一定依赖性

国际互联网对当代青年的影响更加直接。这一代人的生活、学习方式已经从触网向网络生存转变了。智能手机既是信息交流工具,也是生活、学习和工作的平台。通过网络获取信息、认识天下,进行人际交往、商务活动,使青年人拥有了更为开阔的视野。互联网的出现,在一定程度上改变了"00后"大学生的学习与生活方式,也大大丰富了青年大学生的交流方式。在大学校园,青年大学生的各种考试、网上党校、教务选课也让他们离不开网络。一些大学生充分利用网络资源,认真学习,刻苦钻研,有的学生还利用课余时间,积极学习计算机技术与网络技术,不断提升自身的网络技术水平,一些大学生的计算机、网络技术水平在某些方面已经超过了教师。但是,有的大学生的生活、学习过度网络化,网络在带给他们便利性的同时也带来了诸多不良影响,如有的大学生由于过度沉迷网络虚拟世界,出现语言表达能力欠佳、书写能力退化等现象。有的大学生对网络产生了一定的依赖性,不仅影响到他们的现实人际交往,而且对他们学业水平的提升、专业知识的积累等都造成了一定的影响。

针对青年大学生在社会心理和思想观念上显现出的总体性特征,为了让青年大学生在新时代发挥更大作用,为实现中华民族伟大复兴中国梦做出更大贡献,青年大学生思想政治教育需要有所改变、有所创新。

---

① 王海建."00后"大学生的群体特点与思想政治教育策略[J].思想理论教育,2018,475(10):92-96.

三、网络技术的快速发展

1. 对网络育人队伍提出更高要求

网络育人的效果如何，在某种程度上取决于教育者的综合素质。在网络信息化时代，网络的去中心化、交互性对教育者的优势地位提出了挑战，一些青年大学生不再轻而易举地接受教育者的"空洞说教""机械管束"。首先，网络的出现，对教育者政治素质提出了更高要求。面对海量的网络信息，高校教育者必须有坚定的政治修养和的政治素质，有清醒的头脑，能去伪存真，积极引导青年大学生践行社会主义核心价值观，使学生增强抵御国外错误价值观的能力。其次，网络的出现，对教育者的知识结构提出了新的要求。由于网络的开放性、快捷性，一些大学生通过网络就能了解世界。因此，高校教育者必须树立新的网络观念，充分认识到网络在教育当中的重要性，积极学习掌握网络应用技术，创新教育与工作方式，提高开展网上思想政治教育工作的能力。

2. 对网络育人方法提出更多限制

首先，网络育人环境去时空化，教师与学生既可以实时交流，又可以在场围观；既可以在相邻地域对话，又可以进行远距离通信。网络教学效果与传统教育主渠道——课堂完全不同。其次，网络育人对象去身体化，学生呈现为一种数字化符号，学生身份成了某种精神表征。最后，网络育人方法去特权化，任何一个网络主体都不享有对其他主体的支配权，所有的主体、用户都是去中心化的，网络这种交互性、虚拟性、平等性极大地弱化了教育者所拥有的天然权威。在这些趋势影响下，高校教育者在开展网络育人过程中需要兼顾多样的限制条件，采取更多创新的育人方法和手段；如何确保网络环境下思想政治教育的有效性、持续性，是新时代网络育人的重大挑战和重要任务。

3.对网络育人主客体关系提出更新诠释

一方面,网络育人的主客体关系出现了变化。首先,在网络空间中,教育主体呈现被削弱特征。网络育人过程中学生的"主体强化"与教师的"主体弱化"是相辅相成的,是一个问题的两个方面。[1] 学生以受教育者的身份存在,但其相对自由独立的主体性在主客体关系中发挥着作用。教师作为网络育人的角色没有发生变化,但具有"主体弱化"的特性。其次,主客体关系出现交互性特征。在网络环境中,教师接受来自他人的信息,并外化为行为,教师就由主体变为客体;学生发表见解和观点,影响到其他网络角色,其个体角色就由客体转变成了主体。另一方面,网络育人的客体特性发生了变化。在网络环境下,客体具有很大的不确定性,这是由网络的匿名性造成的。主体的身份是确定的,但客体之间存在较大的差异和不确定性,这就给网络育人的实施增加了难度。

4.对网络育人平台提出更严要求

高校网络思想政治教育平台发展存在不平衡不充分的问题。一些高校可以充分地利用资源,独立开发、运营平台,充分发挥平台在教育、科研、服务等方面的优势,构建服务育人、网络育人的体系。但是,另一些高校因为缺乏技术、资金等,只能在原有基础上进行简易发展,而平台功能也仅局限于基础信息的传递,作用十分有限。此外,高校网络思想政治教育平台建设与大学生期望之间产生了矛盾。在技术、使用、功能等方面,平台的发展均处于跟随、追赶的状态。换言之,高校网络育人平台的建设和发展总是滞后于信息技术发展运用情况。优质的网络思想政治教育资源是高校网络育人的重要保证。然而事与愿违,一些高校对此并不重视,思想教育起不到作用,达不到理想效果。[2] 高校应投入大量的人力、财力和物力,以满足高校学生对平台更严格的要求。

---

① 徐建军.大学生网络思想政治教育理论与方法[M].北京:人民出版社,2010:121.

② 王云霞.新时代高校网络思想政治教育发展问题研究[D].南京:南京工业大学,2019.

第三节　新时代高校网络育人的机遇

一、全球化浪潮的正面效应,为新时代高校网络育人提供发展窗口

(一)全球化进一步挖掘了个体潜能,为网络育人提供了良好的思想基础

1.全球化发展促进了现代化进程

全球化使国与国之间的联系更加紧密,各国在经济、政治、文化等诸多方面相互依赖、学习。而现代化标志着当今社会的进步与变迁,是人类文明的一种深刻变化,主要强调人的个性解放和生产力的解放。劳动者作为生产力的首要因素,在本质上与生产力的发展是相一致的,生产力的解放与发展,冲击着人们的文化、价值观念及日常生活中各个方面,激发人们潜藏的天赋和才能,丰富和创造人与世界的需求关系,提高个体全面发展的能力,满足人的个性化发展和需求,促进人的解放与发展,即"现代化"。当前,全球化与现代化的进程在各个层面随处可见,伴随交通、通信的快速发展,"地球村"的感觉也更加明显,仿佛这个世界在一点点缩小。而我们的生活方式也随着这一进程逐渐改变,比如人们的穿着打扮更有品位,更赶潮流,更有个性,等等。

2.全球化发展促进了思想交融

全球化浪潮使各个国家和地区更加开放,国门越开越大,推动了不同民族文化的相互交流和碰撞,不同文化和思想观念也逐步开始相互包容、接纳,全球化使人类文明在求同存异的氛围中发展前进。历史唯物主义

告诉我们,人的各种能力,包括全面的智力和思维能力、生活能力等,都只能在丰富的社会交往关系中产生。全球化浪潮也使世界各国人民深刻地认识到,只有深入参与各个领域、各个层次的社会交往,主动积极地同其他国家和地区的人,同整个世界的物质生产和精神生产进行普遍的交换,才能逐渐摆脱个体的、地域的和民族的偏见、狭隘,充分发展自己各方面的能力和个性。比如,传播中华传统文化的孔子学院、唐人街在世界各地发展,世界各地相互交流的留学生不断增多等,都说明了全球化浪潮下,不同民族、不同文化和背景的人们思想观念开始发生改变,思想文化的交融痕迹越来越明显。中国"全球化"的同时,世界也在"中国化"。全球化促进了人们价值观念逐渐从单一转向多元,从封闭转向开放,从传统转向现代。

3.全球化发展促进了自由发展

通信和科技的全球化发展为人的自由全面发展提供了更为广阔的舞台,一方面,全球化浪潮使人与人之间的交流交往更加便捷高效,扩大了人们的交际圈,朋友圈更加丰富和复杂。另一方面,全球化浪潮使人们的生活方式、思维方式都发生了巨大变化;个人作为发展的主体,摆脱了一定限制,不再囿于过去固定、单一和有限的活动区域或领域,能够以更加积极主动的状态,按照个人意愿和个性广泛深入地参与社会交往。与此同时,全球化浪潮也将人的发展推向了一个新的平台。全球化发展依托于思想的转变、知识的更新和技术的进步,人的智慧和创造力在其中扮演重要的角色,正如亚里士多德所说:"智慧使人聪明有德,是人类快乐的源泉。"如何激发人的智慧和创造力呢?我国现代哲学家冯契为我们指出了一条道路,"智慧是合乎人性的自由发展的真理性认识"[①]。即只有把智慧与人的个性自由发展结合起来才能激发人的智慧。综上所述,全球化浪潮为人的自由全面发展提供了可能,人们

---

① 冯契.人的自由和真善美[M].上海:华东师范大学出版社,1996:161.

在追求知识、挖掘潜能、训练创造性思维这一过程中不断开启自身的智慧宝库,这本身也是一种自我的提升和发展。因此,全球化发展归根结底要靠知识和创造力的驱动,而知识和创造力的获得既依赖也推动了人的自由全面发展。

(二)全球化进一步开放了社会系统,为网络育人创造了全新的环境氛围

1.创造了良好的政治环境

全球化浪潮使世界各国更加紧密地联系在一起,在经济、政治、文化等诸多方面的交流学习更加深入。伴随全球化趋势深入发展,各国之间相互依赖共存、相互求同存异、相互合作共赢的命运共同体局面正在逐渐形成,和平与发展也已经成为时代发展的主题。在和平发展的外部政治环境下,中国加快与国际社会接轨,抓住全球化契机,谋求本国发展,取得令世界瞩目的成就,为适应全球化发展转变政府职能、制定完善相关法律法规、制度规范等,都为我国高校开展网络思想政治教育创造了良好的外部环境,提供了坚强的政治保障和良好的舆论氛围。

2.创造了良好的物质环境

新技术革命助推全球化发展,我国适应时代发展,抓住发展契机,主动担当作为,在深度参与全球化进程中创造了令世人瞩目的成就。自2010年超过日本成为世界第二大经济体以来,我国经济总量一直稳居世界第二,占全球经济的比重也在逐步增加,2021年我国人均GDP已超过世界平均水平,我国经济长期向好,新的经济增长点不断涌现,为我国广泛参与国际合作竞争,为社会主义现代化建设提供了坚实的物质基础。古语有云:"仓廪实而知荣辱。"全球化发展创造的巨大物质财富,为我国教育发展进步提供了坚强保障,党和国家对教育的财政支出和资金投入逐年增加,教育条件持续得到改善,新技术设备的广泛投入使用为高校网络思想政治教育的发展创新创造了前所未有的条件。同时,全球化的开

放性特征,为网络思想政治教育的开展提供了丰富的工作资源、信息和创新机会。网络育人主要依托互联网,而互联网包含的信息量巨大、资源丰富、覆盖面广,同时可复制性和资源共享性强,可以突破时间空间的限制,受到的制约因素相对较少。因此,全球化发展不仅为国家带来了巨大的物质财富,也为我国教育领域提供了良好的物质环境,拓展了网络思想政治教育的空间和渠道。

3.创造了全新的教育环境

开放的全球化国际大环境使教育走出国门,走向世界,它促使教育置身于更加开放的社会状态中,各个国家和地区之间互通有无、平等交流、取长补短,助推构建全新的教育理念。教育大环境的改变也推动了我国高校思想政治教育与其他国家和地区开展交流交往和学习借鉴,进一步拓宽了高校思政育人工作者的思维和国际视野。例如,国内部分高校与境外高校在思政育人领域开展深入合作,学习研究借鉴国外先进教育理念,开展思想政治教育等方面的研究,拓宽了思想政治教育的空间和舞台。全球化浪潮和互联网的发展,使教育突破了传统思想政治教育管理受限于时间、地域的问题,教育的方式方法都发生了相应的改变。受教育者信息获取的便捷,价值取向和思想观念的多元发展,家、校、社会联系得更加紧密,教育者的角色和地位由权威向与学生平等的转变等,都使得教育必须借助网络这一重要的技术工具更新理念和方法,必须由第一课堂向第二课堂、第三课堂延伸。

二、中国高等教育的顶层设计,为新时代高校网络育人提供平台机遇

(一)以时代需要构建网络育人宏观设计体系

习近平总书记曾指出:"要从国际国内大势出发,总体布局,统筹各

方,创新发展,努力把我国建设成为网络强国。"①因此,建设"网络强国"是一项系统性的工程,高校的网络教育是这一工程的重要组成部分,网络强国建设需要高校网络教育发展的大力支持和支撑。

1.宏观视角:时代潮流之选择

社会的每一次变革都会给我们带来新的机遇与挑战,只有适时准确地抓住机遇,有效应对挑战,才能给自身带来发展进步。在互联网快速发展和普及的今天,如果忽略或轻视了互联网的建设发展,必将落后于时代的发展,甚至被时代所淘汰。网络带给我们这个时代的变化是全方位的,顺应互联网的发展就是顺应时代的发展潮流。同样地,高等教育的发展也离不开网络的支撑和助力,网络的发展也已经深入渗透到高等教育领域。在技术飞速变革发展的今天,高校的功能也发生了变化,不仅仅局限于开发和革新技术。从国内外著名大学的发展历程来看,高校无不在网上教育教学方面下足了功夫。大数据、云计算等新技术都得到了重视和应用,招生、培养、就业、毕业等环节都因为网络的介入而更加高效快捷。展望未来,正如诺克斯(Knox)所指出的:"教育的未来方向是将算法文化与人类学习进行交叉融合,将带给我们更多的惊喜。"②由此可以看出,不管是在过去、现在还是在未来的高等教育事业发展中,从教育教学、技术研究、人才培养到社会服务、国际交流等诸多领域,网络都将一直承担重要的教育工作。可以说,推进高校网络育人是时代潮流、大势所趋。

2.中观视角:国家发展之急需

人类的发展是教育所追求的最高目标和最终结果,教育是国家和社会发展的重要依靠和动力之源,关乎国计民生,以及个人和国家的前途命运。党和政府始终高度重视教育的重要性,习近平总书记强调:"教育兴

---

① 习近平.总体布局统筹各方创新发展 努力把我国建设成为网络强国[N].人民日报,2014-02-28(1).

② Knox J, Macleod H, Sinclair C, Jandric P. Learning in the age of algorithmic cultures[J]. E-Learning and Digital Media,2017(3):101.

则国家兴,教育强则国家强。高等教育是一个国家发展水平和发展潜力的重要标志。"①大学阶段是学生向社会过渡的重要时期,高等教育肩负着为社会主义建设培养合格建设者和可靠接班人的重任,对青年一代培养教育得如何,很大程度上依赖于高等教育的发展水平。因此,高等教育的发展水平对一个国家的人才储备、未来发展至关重要。在网络强国建设背景下,网络强校、网络强教理应成为高等学校努力的目标和方向,也是数字化背景下推进高等教育的必由之路。网络育人应重视在互联网环境下青年学生的成长发展。当前,网络也是国际上意识形态领域斗争的阵地,这就要求我们要在思想上锤炼新时代青少年的理想信念和意志品格,提高他们甄别信息的能力,引导他们积极主动地参与对不良网络舆论的斗争中,使他们在面对互联网社会的大是大非时,能够始终保持头脑清醒,坚定理想信念不动摇,坚定不移走中国特色社会主义发展道路。

3.微观视角:个体需求之彰显

马克思主义认为,人的本质并不是单个人所固有的抽象物,在其现实性上,它是一切社会关系的总和。人的本质是现实的、具体的,由社会关系来决定,因此必须从社会的具体活动中对人的主体定位进行反思。每一代人都有属于自己年代的标签,"00后"大学生也不例外,作为网络原住民,他们的话语体系与话语模式与互联网息息相关,生活方式也与信息技术紧密相连,他们也更关注自身的兴趣爱好和发展需求。但是,他们中很多人的互联网知识还是碎片化的,对互联网上的海量信息还不完全具备获取和甄别的能力,运用互联网捕捉发展机会、丰富自身知识体系、提升自身综合素质的本领还不够。因此,新时代大学生具有利用网络扩展个人知识和提升认识层次、提高信息获取和辨别能力、提高自身综合素质的需求和渴望。同时,互联网世界也能够给青年学生提供

---

① 习近平:在北京大学师生座谈会上的讲话[EB/OL].(2018-05-03)[2022-01-13].https://news.12371.cn/2018/05/03/ARTI1525301071118866.shtml.

相对隐秘安全的心理交流平台,排解和舒缓积压在内心的苦闷与压力,对塑造和养成健康的心理素质有促进作用。网络虚拟条件下的交流,使学生能够并且也愿意遵从自己的内心和个性意愿,自由真诚地表达自己的意见建议,交流自己的思考和想法,变传统的被动"灌输"教育为主动参与,对于培养独立思考和分析问题的能力也大有裨益。因此,高校思政教育工作者要用真心真情关心关照学生的成长发展需求,抓住大学生善用互联网的特点,增强网络育人本领和能力,在网络世界中与学生思想碰撞,潜移默化地教育和引导他们,提升学生适应未来发展所需的本领和能力。

4. 模型构建:推进高校网络育人工作

"四梁八柱",是对党的一些创新理论成果的形象比喻,对我国"网络强国"建设也具有重要的指导意义。推进高校网络育人,首先要夯基垒台、立柱架梁,只有把"四梁八柱"搭起来,才能基本确立框架并进一步完善,才能打通关节、疏通堵点、激活全盘。推进网络强国和网络育人建设,大数据策略和"互联网+"模式就是梁、柱,这两项的构建工作与高校网络育人工作存在很强的供求耦合关系,没有大数据和"互联网+"作为依托,网络育人就是无根的浮萍,根本无从谈起。近年来,党和国家高度重视数字经济、信息化建设,深入推进"互联网+"各个传统行业的发展,利用信息通信技术以及互联网平台,让互联网与传统行业进行深度融合,创造了新的发展生态;伴随信息技术的高速发展,大数据越来越多地被应用于各个领域,大数据因具有"5V"特性,即 Volume(大量)、Velocity(高速)、Variety(多样)、Value(低价值密度)、Veracity(真实),被广泛应用于社会各领域,这也有效促进了高校网络育人工作的科学性发展,促进科学、客观评价体系的形成。同时,"互联网+"为构建"大学-政府智库-网络组织"的立体学术资源提供了坚实的支撑。"互联网+"和大数据的深度融合,使信息流带动了技术流、资金流、物质流,并进行最优分配,进而强化了高校网络育人的便捷性和多元化。

（二）以政策导向助推网络育人基础环境优化

1.国家大数据发展战略助力网络育人工程建设

获取和掌握信息的能力是衡量一个国家实力强弱的标志，而一切信息都是从大量数据中分析出来的。大数据作为一个新的竞争领域，代表着一个国家核心的竞争能力，它不仅反映了一个国家的数据存储状况，还反映了该国的数据处理速度。近年来欧美许多经济大国都在制定自己的大数据发展策略，而我国的大数据发展计划也早在 2014 年启动了。回顾我国大数据发展的历程，我们可以清楚地看出大数据释放出了极大的大学教育政策红利。

大数据与每个人的生活息息相关，每个人都是大数据的制造者、传播者。2015 年中国第一次将大数据纳入政府工作报告，探索发挥大数据对变革教育方式、促进教育公平、提升教育质量的支撑作用，推动教育领域的创新发展。2016 年 3 月，我国正式发布《中华人民共和国国民经济和社会发展第十三个五年（2016—2020 年）规划纲要》，首次提出以大数据为基本战略资源，全面推进国家大数据战略，从而为高校教育领域的发展开辟全新空间；2016 年 6 月，教育部印发《教育信息化"十三五"规划》，提出通过积极利用云计算、大数据等新技术，创新资源平台、管理平台的建设、应用模式，大幅提升信息化服务教育教学与管理的能力。[1] 2016 年 12 月 7 日至 8 日，习近平总书记出席全国高校思想政治工作会议并发表重要讲话强调，做好高校思想政治工作，要因事而化、因时而进、因势而新。[2] 2017 年，教育部发布《高校思想政治工作质量提升工程实施纲要》，提出构建"十大"育人体系，其中包含通过加强

---

[1]　张纲，王珠珠.发挥信息技术支撑引领作用　服务教育现代化发展大局——学习领会《教育信息化"十三五"规划》[J].中国电化教育，2017(2)：140-144.

[2]　学习关键词｜书写"大思政课"的精彩篇章[EB/OL].(2021-12-02)[2022-01-14].https://www.12371.cn/2021/12/02/ARTI1638427456527664.shtml.

工作统筹、强化网络意识、拓展网络平台、丰富网络内容、优化成果评价、培养网络力量六个方面，创新推动网络育人。2018年4月，教育部印发《教育信息化2.0行动计划》，提出要充分利用大数据技术助力教育教学、管理和服务的改革发展。随着国家大数据战略的实施，高校网络教学环境、国家教育资源云服务体系以及教育信息化建设等都取得了长足的进步。

教育部等八部门在2020年联合印发的《关于加快构建高校思想政治工作体系的意见》指出要加强网络育人，引导和扶持师生积极创作导向正确、内容生动、形式多样的网络文化产品。建设高校网络文化研究评价中心，推动将优秀网络文化成果纳入科研成果评价统计。各高校应按照在校生总数每生每年不低于30元的标准设立网络思政工作专项经费。这也是国家首次提出用经费保障高校思政工作。2021年7月，教育部等六部门联合下发了《关于推进教育新型基础设施建设 构建高质量教育支撑体系的指导意见》。大数据、云计算和区块链等新一代的资讯科技发展，促使数据成为一种新的生产方式，支撑我国教育的数字化变革。建设高质量的教育体系，要推进各层次的教学资源整合，构建互联互通、应用齐备、协同服务的"互联网＋教育"大平台。到2025年，基本形成结构优化、集约高效、安全可靠的教育新型基础设施体系，并通过迭代升级、更新完善和持续建设，实现长期、全面的发展。

2.马克思主义中国化推动网络育人思想发展

近年来，在马克思主义哲学的指引下，互联网的发展在影响和推进马克思主义中国化进程的同时，也为其增添了不少的生机与新元素。新时代背景下，互联网教育工作根据时代变化也在充分发挥着自己的优势，不断开拓创新。互联网是20世纪最伟大的发明之一，给人们的生产生活带来巨大变化，对很多领域的创新发展起到很强的推动作用，特别是意识形态领域。

　　新时代党中央进一步突出互联网的重要性,并对互联网进行了一些新的思考。党的十八大以来,我国提出了一系列关于互联网发展的新观点、新论断。要加强互联网教学的重要性,要推动我国教育事业的发展,必须加强对互联网的研究,以培养大量具有创造性的高素质的人才。习近平总书记指出,当今世界,科技日新月异,互联网、云计算、大数据等现代信息技术深刻改变着人类的思维、生产、生活、学习方式,深刻展示了世界发展的前景。[1] 强调因应信息技术的发展,推动教育变革和创新,构建网络化、数字化、个性化、终身化的教育体系,建设"人人皆学、处处能学、时时可学"的学习型社会。[2] 以习近平同志为核心的党中央立足新的时代发展要求,从战略全局的高度出发,创造性地提出了网络强国战略和与之密切相关的"互联网+"行动计划。2016年4月,习近平总书记在网络安全和信息化工作座谈会上指出,"要有决心、恒心、重心,树立顽强拼搏、刻苦攻关的志气,坚定不移实施创新驱动发展战略,抓住基础技术、通用技术、非对称技术、前沿技术、颠覆性技术,把更多人力物力财力投向核心技术研发,集合精锐力量,作出战略性安排"。[3] 在新的形势下,高校要增强互联网思维,积极运用新媒体新技术,推动高校思想政治工作传统优势与信息技术融合,做好思想政治工作,培育中国特色社会主义合格建设者和可靠接班人。当前,网络安全上升为一级学科,不少高校开设了网络安全专业。中央网信办、教育部还实施了一流网络安全学院建设示范项目。习近平总书记在党的十九大报告中提出,要加强互联网内容建设,建立网

　　① 习近平致信祝贺国际教育信息化大会开幕[EB/OL]. (2015-05-23)[2022-01-14]. https://news. 12371. cn/2015/05/23/ARTI1432373540835721. shtml.
　　② 习近平致信祝贺国际教育信息化大会开幕[EB/OL]. (2015-05-23)[2022-01-14]. https://news. 12371. cn/2015/05/23/ARTI1432373540835721. shtml.
　　③ 习近平主持召开网络安全和信息化工作座谈会强调 在践行新发展理念上先行一步 让互联网更好造福国家和人民[EB/OL]. (2016-04-19)[2022-01-15]. https://news. 12371. cn/2016/04/19/ARTI1461054566744363. shtml.

络综合治理体系,营造清朗的网络空间。[①] 2018 年 4 月,习近平总书记出席全国网络安全和信息化工作会议并发表重要讲话,他强调,深入开展理想信念教育,深化新时代中国特色社会主义和中国梦宣传教育,积极培育和践行社会主义核心价值观,推进网上宣传理念、内容、形式、方法、手段等创新,把握好时度效,构建网上网下同心圆,更好凝聚社会共识,巩固全党全国人民团结奋斗的共同思想基础。[②] 人们上网的目的各有不同,如学习、沟通交流、娱乐等,仅通过网络建立专门的思想政治教育网站是远远不够的,要根据人们上网的目的,将思想政治教育工作融入其他网站,使网民在潜移默化中受到思想政治教育。要熟练运用网络,尤其是新媒体新技术,做好思政工作。要统筹合理运用各类资源,调动各方积极性,加强信息管理与资源共享,创新思政教育理念、方法、内容,用大众喜闻乐见的方式开展思政教育,促进网络思想政治教育工作创新发展。

当前,以信息化为主的科技革命正悄然崛起,并影响着人们的生产生活,推动着社会的发展。当前,数字经济的快速发展使得国家间的利益联系更加紧密,我们必须加速数字经济的发展,使全球网络的管理体制走上更加公正合理的轨道,为世界的发展注入新的活力。

三、互联网技术的日新月异,为新时代高校网络育人提供技术支撑

进入 21 世纪以来,互联网信息技术以前所未有的速度和气势,强烈地冲击着社会生产生活的方方面面,成为当今世界发展的重要驱动力。教育部发布的《教育信息化十年发展规划(2011—2020 年)》提出,要以教

---

① 中国共产党第十九次全国代表大会在京开幕 习近平代表第十八届中央委员会向大会作报告 李克强主持大会 2338 名代表和特邀代表出席大会[EB/OL].(2017-10-18)[2022-01-15].https://www.12371.cn/2017/10/18/ARTI1508330185050793.shtml.

② 习近平:自主创新推进网络强国建设(2018-04-21)[2022-01-15].https://news.12371.cn/2018/04/21/ARTI1524308478404633.shtml.

育信息化带动教育现代化,破解制约我国教育发展的难题,促进教育的创新与变革。经过国家、社会和高校多年的努力,互联网技术为我国高校网络育人创造了良好的发展局面。

1.信息化基础设施建设取得长足进步

在近30年的信息化发展历程中,我国信息基础设施建设经历了由语音通信、固定通信等向信息通信、万物互联的升级转变,并突破了传统的信息服务功能,为数字化、智能化生产和服务,为建设智慧政府、智慧社会、智慧教育等打下了良好的技术基础。我国高校信息化建设也伴随着信息化基础设施的建设更新取得了突破性进展。伴随大数据在高校信息化的运用,高校信息化基础设施建设必将再度升级。高校对于自身的信息化建设工作非常重视,在人力、物力、财力上都不断增加投入,信息化基础设施建设取得明显成效。众多高校拥有基础网络建设和硬件设施,基础设施也正朝着不断更新换代的新要求上继续发展。在国家层面高等教育信息化指导性意见的指引下,高校信息化取得了长足的发展,紧密围绕"人才培养"的根本目标,坚持应用驱动和机制创新的基本方针,构建了实体空间与网络空间融合发展的数字校园。高校这些信息化基础设施,改善了师生的在校生活体验,为师生创造了一个不受时空约束、方便快捷的信息化学习环境,优质资源的短缺状况得到了显著改善,对高等教育发展起到了重要支撑作用,为高校网络育人的开展奠定了前提基础。

2.高等教育管理信息化水平明显提升

随着高校信息化建设的不断深入,高校内各领域、各部门资源整合共享力度不断加大。信息化建设不仅仅为教学提供了数字化平台,提高了教学效率,许多高校纷纷在实际工作中运用网络、大数据开展工作,在宣传、财务、科研、后勤服务、管理等领域广泛应用信息化,也提升了相应领域的信息化管理水平。例如,国内一些高校将网络思想政治教育和"最多跑一次"改革深度融合,以校本化发展为路径,充分利用"易班"平台和信息化、大数据资源,打破信息孤岛,实现业务协同,深入推进事项梳理和流程优化,突破原有校园数据"各有一网、各管一段、各持一宝"的隔阂与藩篱,构建了"一站式、一体化、一条龙"的"智慧学工",以大数据驱动个性化育人,打造了思想政治工作的网络化"成长超市",使网络真正成为"思想教育、教学服务、生活服务、文化娱乐"四位一体的育人坚强阵地。一些高校积极发挥特色优势,打造典型应用场景,深化网络育人实践。按照"大场景、小切口"的要求,聚焦解决思想政治教育的实际问题,在学生学业生涯规划、辅导员职业能力培养及智慧发展、高校党建工作智治、校园安全等多个领域打造了一批具有本校特色和示范效应的标志性应用场景,初步实现多跨应用场景数据融通共享,为高校智慧思政建设提供了重要的基础保障。再比如,新冠病毒肺炎疫情暴发后,为保证疫情防控各项要求落实到位,保障正常的教学秩序和师生生活学习,部分高校充分发掘数字治理优势,发挥信息化管理作用,将封闭半封闭管理和疫情防控带来的很多烦琐事务性工作搬到网上,把很多线下无法正常办理的事务都转移至线上办理,让数据多跑路,师生少跑腿,利用信息化手段实现了"精密智控",提升了管理服务效能。

3.信息技术对高等教育变革的作用初显

网络信息技术的迭代发展,使教育资源更加公开、透明,受教育者也更加容易获得和共享优质的教育资源,打破了原有优质教育资源被一小部分高校或学术精英独享的局面,构建了一个全新的、无限开放的平台,实现了真正的资源共享,转变了传统的教育教学环境。人工智能、大数据、云计算等新兴信息技术强力渗透到高等教育领域,深刻改变了传统的教与学环境。以高校慕课建设和发展为例,教学资源通过在平台的共享,使得高校中教师的角色、课程教学模式、教学组织机构和管理方式都发生了很大的变化。在信息技术的助力下,网络向我们提供了多样化的学习方式,翻转课堂、网络空间学习、线上线下混合式学习、基于设计的学习等,都已成为开展高等教育的重要形式,网络教学因为具有开放性、协作性、交互性、共享性、实时性等优点和特征,对传统的"传递—接受"式教育模式带来了巨大的冲击。学生通过网络可以实现自主学习,自行上网查找学习资料,锻炼了学生的自主学习能力。信息资源的整合与共享,有效缩短了教师的备课时间,使教师有更多的时间研究学生、研究教材,从而全身心地投入教育改革中。同时,信息技术在教育领域的广泛应用,使人才观也由知识型人才观转变为素质型人才观。信息技术的现代化对我国高校的影响是深远的,它不但使传统的高校教学模式发生了变化,也使高校的观念发生了变化。未来,在物联网、云计算、大数据、人工智能等新一代信息技术的推动下,我国教育信息化发展将不断呈现智能化、开放化、个性化与社交化等特征,我国教育信息化也必将迎来从"数字校园"到"智慧校园"的发展转型。

四、教育信息传播方式的多样化,为新时代网络育人拓宽渠道

1. "互联网＋"深度融合,创新教育信息传播方式

物联网、人工智能等新技术深度融合,"互联网＋"日益发展,使网络用户在视听方面获得了全新的体验,也推动了高校网络思想政治教育的发展。互联网技术的运用促进了高校思想政治教育信息的互联网传播,教育信息呈现形式愈加多元,图文、视频、游戏、AR(augmented reality,增强现实)等增强了信息传播的立体化效果,不仅能满足大学生尝新、学习、娱乐的需求,而且能满足不同知识背景和认知水平的大学生对不同层次信息的需求。许多高校不断探索教育技术的互联网运用,将教育内容的素材制作成可适应不同网络媒体平台特点的信息进行传播。例如,部分高校微信公众号推送的文章在原来图文的基础上融入动图和视频,部分高校在快手、抖音等短视频平台推送的视频也恰当地融入文案、图片信息等。互联网技术和技术互联网为高校网络育人信息的产生和传播提供了

技术支撑，极大地丰富了教育信息的传播方式，有效提升了教育平台的信息热度。

2. 信息化发展，推动网络育人体系深度发展

学校从新的单个媒体平台突破了功能尺度，集成了内容、信息、社交、服务等各种功能，将各种信息的处理集中在一处，形成了高校媒体。高校媒体的分众化信息传播、大数据汇总及精确测量，使高校网络育人工作者得以持续跟进、观察不同类型、不同层次的信息受众的意识活动和实践活动过程，实现对教育信息受众和受众的互动性进行不同时段、多维度、多角度的立体化分析。高校媒体对大数据信息进行统计测量，可以客观反映教育信息影响的广度和深度。高校教育工作者通过分析、研究数据，可以最大限度地把握大学生在网络空间的思想现状以及某些思想行为表现反映的深层问题。一方面，这能准确定位学生的实际需求，实现精准化推送教育内容，提高高校网络育人实效；另一方面，这些数据真实呈现了网络教育信息传播的影响因素，可以为高校探索网络育人的规律性提供可靠依据，促使教育者拓宽科学研究视野，发现新的学术增长点。

3. 疫情防控常态化背景下，网络育人是高校思政工作的"最大增量"

网络因为其时效性、开放性、交互性的特点，成为大学生共享学习资源、关注社会问题、使日常生活便利的鲜活平台，用得好可以成为思想政治教育的大增量，释放正能量。我们应把以往思想政治教育工作上的优势与信息技术高度融合、深度创新，找准新时代网络育人的"流量密码"。[①] 网络平台的及时性、丰富性、便捷性和交互性，为网络育人注入了新的生机与活力，可以把互联网这个思想政治教育的"最大变量"变为"最大增量"。

---

① 韩丽丽.找准新时代网络思政教育的"流量密码"[N].中国教育报,2022-7-5(2).

第一，通过网络育人，高校可以利用"内容为王"的建设规律吸引学生。网络新媒体建设内容为王，对于创新网络育人而言，教育资源就是它的"王牌"。在网络育人的过程中，我们应充分发挥高校组织资源优势，抓住学生学习的刚性需求，最大限度汇聚课内外、校内外优质资源，并从优化学生体验出发，按照互联网等新媒体传播规律进行内容再造，用碎片化、互动化、交互性的方式来传播学习内容，让学生通过长短课程、生动视频自然而然学习，同时把思想教育内容以潜移默化的方式融合在各类课程中。比如，我们可以把学生学习的需求在第一时间转化为触手可及的资源，将社会上的热点话题、事件进行互联网改造，成为网络平台上的学习素材；我们还可以把学生身边的人气讲师转化成网络上可亲可近的学长学姐，以专栏、"微课程"等形式，从学生关心的问题切入，将矛盾与困惑化解在交流与领悟之中。

第二，通过网络育人，高校可以依托渠道和资源优势，用网上网下深度协调方式来牢牢黏住学生。网络阵地要想成为"战场"，则必须先成为"市场"，成为学生喜欢、爱进的"市场"。针对学生就业发展的实际需求，我们可以通过网络丰富就业创业资源，服务学生发展需求，依托网络教育阵地，举办各类创意创业赛事，帮助学生建立创业必需的知识和技能体系，通过借助网络教育阵地建设，与社会媒体和企事业单位开展广泛合作，为学生提供实习岗位、就业信息，逐步实现高校毕业生供给与人才市场需求的信息联通。针对当前高校师生在学校管理上的一站式贯通需求和个性化精细服务需求，高校可以不断完善基于云计算的大数据中心和云应用的综合互动平台，为学生提供校园一站式服务，实现学校的学工、宣传、教务、后勤、图书等系统和互动社区双向对接，提升网络育人的服务黏合度和使用影响力。

第三，通过网络育人，高校可以加强互动的技术平台建设，促进学生在自我建设中加强自我教育。高校师生富有创造力，开展网络育人可以发现、引导青年师生的新思想、新点子，充分发挥他们的潜能、积极性、创造性，从而促使网络育人呈现大众创业、万众创新、生动活泼的局面。当代青年学生主体意识强烈,不喜欢灌输说教,崇尚自我展现。针对这一特点,网络育人可以秉承开放、共建、共享的理念,把学生作为建设主体,探索形成一套充分发挥大学生首创精神的创新驱动机制,使学生能自主开发各类网络应用功能、创造各种网络文化产品,把自己创造的各种教育资源拉入,从而形成强大的教育物流网,以此着力提高学生实践创新能力,同时在潜移默化中引导学生创造各种符合自身接受意趣的网络文化教育产品。

第五章　新时代高校网络育人的实践路径

第一节　营造高校网络育人文化

一、树立正确的网络价值观

如今,网络技术的发展方兴未艾,网络对我们日常学习、工作和生活的全面影响不断加深,网络带来的多元化的社会思想和价值观念,使新一代大学生的思想观念复杂多样。同时,由于网络本身所具有的虚拟性和开放性,容易使一些不良信息渗透到校园之中。因此,高校应通过开展社会主义核心价值观教育,使青年大学生从中汲取营养,引导大学生全面发展,抵御不良思想的腐蚀。在高等教育加快发展的背景下,高校网络育人要充分把握大学生的可塑性,明确大学生思想发展的方向,引领大学生的人生方向。社会主义核心价值观教育应该成为网络育人塑造学生、培养学生的重要内容,是网络育人坚持正确方向、走正确道路的前提。社会主义核心价值观教育的深入开展,对爱国主义教育和网络思想政治建设产生了良好的效果。网络信息时代为高校思想政治教育提供了更多发展的可能,高校网络育人工作者必须掌握先进网络技术,充分利用网络平台,与传统教育方式相结合,开展大学生思想政治教育,引导学生树立正确的网络价值观。

树立正确的网络价值观,必须创新工作方式。高校教师要改变以往对学生思想政治的被动教育,主动引导学生积极参与学习思想政治,主动通过网络或其他信息技术搜索获得知识信息。要加强在网络平台上与学生的交流,不断引导学生主动学习,让学生追求自我价值的实现与突破。举办互联网理论讲座、"互联网＋"企业发展论坛、网络思想政治教育研讨会,用好高校网络平台,加强对大学生的理想信念、价值取向和道德情操的引导,加强校园网络阵地建设。通过多种渠道宣传党在意识形态领域的方针政策及法律法规,引导学生正确认识国家安全形势、国际国内大局,增强其民族自豪感和使命感;发挥学校网站资源优势,丰富传播内容,积极打造精品网络文化品牌,深入推进网络宣传教育,加强具有时代感和吸引力的广告教育;推广网络文化,充分运用网络语言文字、网络图形、网络视听等多媒体手段,打造流行网络文字、网络微视频、网络微动画等高质量、有影响力的网络文化产品,发挥学科、专业、课程体系优势,加强网络文化与大学生网络安全、网络法律规则、网络文明建设,增加学校综合门户网站、主题教育网站、"两微一端"的开发和使用。注重引导师生通过网络新媒体平台,例如微信平台、个人微博等,弘扬先进文化,培养和激励优秀的网络文化建设人才。

树立正确的网络价值观,必须建设"网红"产品。迅速发展的互联网技术,引爆了自媒体的快速发展,随之应运而生的"网红"和"网红群体"发展迅速,其影响范围广泛。"网红"不仅对社会产生了巨大的影响,也对人们的教育和思维方式产生了超乎想象的积极影响。思想政治教育的目的是通过故事的传播来实现其教育目的,以故事的表现形式来实现育人目标,借助"网红"形式讲好故事,是思想政治育人工作的创新尝试。"网红"是一种特殊的传播方式,它容易让大学生接受主流意识形态,扩大其社会影响。这种交流不仅能激发学生的参与感,更能激发学生的强烈热情。如果能把"网红"的传播用于思想政治教育的建设,将会有很大的影响范围和良好的教育效果。打造"网红"课程,创新思想政治网络教育模式,是高校立德树人、引领思想政治教育创新的重要途径。作为一种传播媒介,"网红"可以轻松产生广泛的影响,这种影响可迅速渗透到广大学生群体中,为思想政治教育的传播奠定基础。要突出"网红"课程的思想政治教育导向,用技巧和故事打动学生,提供感同身受的现场感,创新思想政治教育新产品。借助新媒体,推进"线上+线下"统一传播,更灵活、更理性地传播理论,扩大传播范围,让更多的人参与其中。思想政治教育只有深入人心,才能真正扎根。自媒体传递的真情实景和其中蕴含的正能量,是很容易打动人心的。因此,我们应该借助网络平台,将思想政治教育融入其中,积极打造"网红"思想政治课程。同时,引导思想政治教师重视对学生的思想政治教育,提高青年教师对热点、焦点事件的敏感性,更快速捕捉青年学生的需求,有针对性地设计思想政治教育内容,引起学生共鸣。同时,借助"网红"的广泛影响,把思想政治课程传播内容融入平台进行传播,弥补传统思想政治教育覆盖不到的地方、达不到的效果。要用"网红"传播社会主义核心价值观,扩大社会影响,讲好中国故事。

树立正确的网络价值观,必须强化部门协同。新时代高校信息化系统在培养学生方面发挥着重要作用,因此我们必须高度重视高校学生管理信息化建设,不断完善高校思想政治教育网络工作体系,这是新时代高等教育改革与发展的必然要求。网络价值观的传播需要充分调动校园和社会力量,健全组织机构,加强宣传引导,形成强化合力,调动校内外各部门参与的积极性,营造良好的网络价值观建设氛围,形成齐抓共管、层层推进的工作局面。要建设一支高素质的人才队伍,形成全员覆盖的工作格局,健全规章制度,规范大学生上网的秩序;要加大投入,优化硬件条件,建立健全网络管理平台,确保网络设施正常运行;要创新方式方法,创新工作机制,提高工作实效性,完善工作流程;要加快试点项目遴选,将学校优势院系作为试点,并在此过程中发现问题、总结经验、改进方法,为推进网络化管理体系奠定基础;要强化校园内部协同,积极建立 PC 端与移动端之间的连接渠道,实现多终端在网络上的应用,增强系统的便利性和灵活性,构建多层次的新媒体矩阵,结合学生的兴趣爱好和时代特点,提高内容供给质量;要通过开办网上思想政治教育专栏、电子期刊、线上课程,开辟专题栏目定期推送专家、学者、学生的学习体会,开展时事政策宣讲,开设思想政治理论的线上网络图书馆等,引导青年学生在微博、微信上积极互动讨论,不断拓展正确网络价值观的覆盖面和服务面。

二、加强大学生的思想引领

意为根,行为形,思想领域建设是所有行为的先决条件。当前,世界正经历百年未有之大变局,我国处于实施创新驱动战略,加快建设创新型国家的重要时期,加强思想引领尤为重要。随着互联网和信息技术的发展以及数字媒体时代的到来,信息通信领域正在发生一系列变化,潜移默化地影响着人们的价值观和观念。在大变局和信息浪潮的冲击下,大学生的世界观、人生观、价值观不成熟,容易被网络上某些不良信息侵蚀,影响他们思维和行为习惯的发展。针对当前形势,新时代高校思想政治工作应明确指导方针,理清工作思路,找准功能定位,充分认识校园在思想引领方面特殊的、不可替代的重要作用,强化校园的思想政治教育功能。为此,高校应从思想角度确立"大思政"的宣传教育理念,认识到网络和新媒体融入"大思政"教育的重要性,在网络育人内化工作开展过程中,遵循信息技术发展规律和"互联网+"思维,积极运用信息化手段促进大学生思想道德素质提升,加强网络思想的引领。

加强大学生的思想引领,必须提高思想认识。习近平总书记在 2018 年全国宣传思想工作会议上强调:"宣传思想工作是做人的工作的。"[①]社

---

① 新形势下宣传思想工作怎么做 习近平作出部署[EB/OL].(2018-08-23)[2022-01-15].https://www.12371.cn/2018/08/23/ARTI1534982804090456.shtml.

会各部门普遍认识到网络不断融入人们日常生活,已经成为主流意识形态掌握主导权的主战场。① 要坚持以人民为中心的发展理念,坚持中国梦教育,充分利用网络技术把握意识形态教育主动权,深入推进意识形态教育与信息技术的融入,加强主流思想引领,通过多种方式,增强意识形态教育吸引力;积极运用新媒体开展舆论引导,扩大意识形态影响力;着力打造具有鲜明时代特征和强烈感染力的校园话语体系,大力推进优秀网络育人产品的创作和传播。

加强大学生的思想引领,必须树立全局观念。随着时代的变迁和社会的发展,高校作为各种意识形态和思想文化交汇的排头兵,需要在互联网和自媒体的时代背景下,明确发展方向,直面高校思想政治工作的新机遇、新问题、新挑战,在防止外来势力入侵、提升网络话语权和思想教育主导地位等方面,发挥好前沿阵地的重要作用。高校应按照中共中央对高校思想政治舆论宣传的新要求,结合国内外形势,把立德树人作为根本任务,立足未来,做好思想政治工作的顶层设计,对高校网络育人及新闻宣传引导工作进行总体谋划和部署。配合高校思想政治工作和宣传工作的规划计划,学校应明确各类媒体的职能,制定新媒体建设、运营和发展的规划目标,将媒体宣传工作与思想政治工作有机结合,形成全面、系统的思想宣传体系。打破以狭隘的规范思维为基础的工作体系,通过舆论、思想、政治、文化教育、队伍建设等各个环节有效协调校园各思想政治工作部门,发动全校各部门、各院系,以高校网络思想引领力建设为重点,统筹规划,共同推动校园网络育人和宣传工作的有效实施。

加强大学生的思想引领,必须增强全员自觉。加强党委统一领导,统筹好高校思想政治工作和日常教育工作,充分发挥高校媒体思想政治育人功能。习近平总书记在2018年全国宣传思想工作会议上的讲话中强调,"要加强党对宣传思想工作的全面领导,旗帜鲜明坚持党管宣传、党管

---

① 李剑欣,申宇欣.高校媒体矩阵建设与大学生思想政治教育[J].新闻世界,2018(6):38-41.

意识形态"。① 在新的形势下,高校必须在校园媒体中巩固"大思政"宣传教育理念,改变传统思维方式,不能认为思想政治教育工作只是学工部、马克思主义学院和思想政治教师的责任。要在校党委统一领导下,打破媒体部门原有分散管理格局,形成党委统一领导、党政齐抓共管的局面,形成各部门组织、参与的全方位、大范围、多层次的思想政治宣传作风,汇聚全校之力,推动党的思想引领力在大学校园的有效发挥。在校党委统一领导下,宣传部门要与其他部门协调一致,推动校园媒体,如校报、校园广播、校园电视台、校园官网、校园新媒体等的创新发展,增强党对大学生网络思想引领的把控力。

加强大学生的思想引领,必须打造引领性文化产品。为推动网络育人内化内容与信息技术融合,高校要以增强吸引力和感染力为核心,结合学校特色,挖掘大学文化内涵,传播大学精神,打造一批具有示范引领作用的文化产品,形成一大批可归纳、易实现、可推广的建设成果。清华大学推出"清华风物""清华人物"系列校园文化网络产品,持续创作、推出描绘和讲述校友光辉形象、英雄故事的网络作品,展现各个时期优秀人物的崇高理想追求和精神品质,以优质内容促进弘扬正气、激发广大青年奋斗志向。西安电子科技大学着重建设了以"西电故事"为主题的网络文化精品,通过微电影、网络短视频等形式将镜头对准身边的人与事,例如毕业季创意作品《当西电遇见世界名画》等网络作品,获得了广泛关注。华中师范大学举办"i"创大赛、网络创意文化节等活动,鼓励学生创作网络作品。电子科技大学组织开展网络文明志愿行动、网络主题文化节、"成电优秀班级"、"我最喜爱的老师"等系列线上竞赛评选活动,发出青少年的好声音,传播青少年青春正能量;同时,借助网络平台开展校园文化建设,通过丰富多样的活动形式让师生感受到浓浓的书香气息。与此同时,各学校纷纷建立校报线上平台、微博微

---

① 新形势下宣传思想工作怎么做 习近平作出部署[EB/OL].(2018-08-23)[2022-01-15].https://www.12371.cn/2018/08/23/ARTI1534982804090456.shtml.

信官方账号,例如上海交通大学、河海大学等高校依托信息技术把好关键节点,结合校庆、开学季、毕业季等重要时间节点,打造校园品牌文化产品。

加强大学生的思想引领,必须加强理论和实践研究。网络育人的实践价值研究受到了政府、高校和学者的高度重视,根据网络环境的特点和高校学生的思想动态特点,要坚持以马克思主义理论和社会主义核心价值观为指导思想,坚持以人为本,从案例实践中总结规律,进一步提炼理论,加强高校网络育人领域的理论和实践研究。其中,要重点研究新时代高校学生网络育人的内在理论逻辑与表现形式,充分挖掘高校网络育人理论的演化规律,将理论与实践相结合,并在此基础上提出构建科学有效的网络育人理论体系,优化育人模式,提高思想政治工作者素质,注重结合学生特点,提高育人实效,推进高校育人机制建设,加强高校网络建设等,努力探索实现高校网络育人的价值取向,提出建立长效运行机制等对策建议,为进一步深化高校思想政治教育工作者队伍建设提供理论依据。

三、提升媒介素养和网络能力

21 世纪以来,随着互联网在大学生中的普及,网络与大学生的生活变得息息相关,网上海量的信息深刻地影响着大学生的思维方式。学生通过互联网获取知识更快捷、更高效,能够及时了解时事政治,其学习和生活更加丰富多彩。但也需要意识到,互联网是一把"双刃剑",如果使用得当,它在大学生成长成才方面有很多益处,但互联网的使用也会给大学生的发展和成长带来一些不利影响。在全媒时代,海量的网络信息、复杂的网络环境、多元的价值观念,对新时代学生的媒体素养提出了更高的要求。然而,目前高校对媒体教育重视不够,教育机制和教学机制不够系统完善,专业师资力量和实践平台建设相对缺乏,不能有效满足当代大学生的需要。校园媒体是开展媒介素养教育的重要载体之一,加强学生的媒介素养教育,充分发挥校园媒体的"大思政"融合育人功能,具有十分重要的意义。网络信息复杂多变,各种社会价值观和思潮开始进入青年大学生的学习与生活,因此要完善媒体网络,提高大学生的媒介素养和辨别网络信息的能力,加大教育和宣传工作的力度,提高学生辨别是非的风险意识,充分发挥德育带动作用,为高校营造积极、健康、充满活力的高校网络文化环境,使高校学生能够健康成长。

提升媒介素养和网络能力,必须提升大学生自身的媒介素养。高校要积极开展学生媒体素养实践活动,为学生提供更多的媒体培训,注重学生媒体素养理论与实践教育相结合。充分利用校园媒体资源,在校园媒体部门建立更多实习基地,使得学生有更多的机会参与校园媒体平台的建设、运营和管理,使学生通过实践进一步加深对媒介的认识,在实践中提高自身的媒介素养水平。校园媒介文化是学校校园文化重要组成部分,也是促进大学生健康成长和成才的重要途径,要将校园媒介文化作为一个整体进行研究和构建。

提升媒介素养和网络能力,必须树立正确的媒介观。高校要通过多种途径来提升大学生的综合素质,完善相关的媒体素养培训课程,紧跟新媒体时代的发展步伐,同时结合学校实际情况,利用网络平台进行课堂教学,将媒介素养教育贯穿于大学生思想政治理论课和专业选修课之中。把传统媒体和网络媒体有机地融合起来,充分发挥两者各自的优势,促进两者共同成长进步。通过媒体素养理论教育,引导学生掌握新媒体的基本知识,熟悉媒体运作原理和信息传播原理,学习如何提取、解读、评价和创造性地传播信息,帮助学生理解这些信息背后的含义和意图,提高其媒体判断力,提高自我判断力和辨别能力,树立正确的媒介观。

提升媒介素养和网络能力,必须提高大学生网络信息的识别与处理能力。大学生的信息辨别和处理能力是当今高校思想政治研究,特别是网络思想政治研究领域的重要课题。在网络信息时代,网络已成为大学生生活的重要组成部分,很多大学生甚至对网络产生了依赖。互联网每天产生大量的信息,如果信息量超过人们的承受能力,就会降低人们的学习和生活质量,给人们带来压力和恐慌。有效地获取信息、分析信息和表达信息,已成为现代人的基本能力。大学生正处于人生的发展阶段,处于世界观和人生观塑造的重要时期,在这一阶段,大学生的价值观也还没有完全成熟。大学生的知识结构不健全,自控能力不强,网络信息识别能力较差,接收到的信息过多,会影响学生的学习和生活质量,未被消化的过剩信息也会给学生造成一定的心理压力和恐慌,使其产生知识恐惧,甚至成为网络的奴隶,因此需要加强对大学生的教育指导[1],提高他们对网络信息的识别能力以及获取信息、加工信息和表达信息的能力,使网络成为他们学习的助推器和健康的精神家园。

提升媒介素养和网络能力,必须增强大学生网络道德意识。高校网络育人的一个重要组成部分是大学生的网络道德教育,要增强大学生网络道德意识,引导学生严格遵守道德规范,积极参与网络道德教育建设,承担起必要的网络道德责任。一方面,要不断提高大学生的网络安全意识和自律意识,引导他们通过网络平台理性表达自己的观点。另一方面,高等学校需要培养学生的自我发展意识和自我管理能力。高校网络道德教育和理想信念教育要切忌讲大话、说空话,特别是理想信念教育,要符合大学生学习、生活的实际。大学生要积极反馈高校网络工作存在的问题或提出改进的建议,促进高校网络工作的完善。[2]

提升媒介素养和网络能力,必须深入开展新时代大学生爱国主义教育。打造主题突出、导向鲜明、信息丰富的网络育人平台,使互联网在红色教育和爱国主义教育中的作用进一步增强。广泛开展校园爱国教育活动,制作网络分享交流视频,例如纪录片、微电影等,写好网络文章,积极

① 于润艳.红色基因视阈下的大学生爱国主义精神培育[J].学校党建与思想教育,2020(20):28-30.
② 傅雅欣."双一流"建设背景下研究生组织育人研究[D].重庆:重庆医科大学,2020.

利用各大平台媒介,例如微博、微信、小程序、手机 app 等,加强爱国主义教育与大学生活动的联系。发挥主流思想引领作用,多渠道推广和普及马克思主义理论和中国特色社会主义理论体系,增强现代青年爱国主义教育的有效性和吸引力。同时,要加强网络舆论引导,引导大学生自觉抵制诋毁国家、否定中华优秀传统文化的行为。

提升媒介素养和网络能力,必须增强当代大学生的法律意识。"才者,德之资也;德者,才之帅也"[①]辩证地指出了德与才的关系。才能是德行的凭借,德行是才能的统帅,要用丰富的学识、高尚的道德情操,为社会主义建设做贡献。新时代要引导大学生"弘扬大德,恪守公德,坚守道德",鼓励大学生获得丰富的知识,使其拥有高尚的道德情怀、端正的道德意识、顽强的道德意志、良好的道德情怀、自觉的道德实践、规范的网上行为,自觉弘扬主旋律,自觉弘扬审慎独立精神。要加强大学生网络安全意识建设,引导大学生成为德智体美劳全面发展的时代新人。

四、强化网络舆论引导

网民不是被动接受信息,而是有权主动参与到社会事务中去。大学生通过网络这个平台,可以更加全面深入地了解世界,他们的思想意识也随着时代发展而不断变化,越来越多元化。由于一些大学生缺乏对事实真相的辨别力,往往被某些事件的表象所蒙蔽,缺乏对事件进行理性的分析和辨别能力。

要加强舆论引导。舆情舆论关系到社会稳定和校园和谐,是社会和高校都必须高度重视的工作领域。浙江中医药大学成立网络监管中心、全媒体中心,实施互联网意识形态工作责任追究制度实施办法、网络安全与舆情引导工作实施办法、新媒体平台管理办法,聘请网络专家作为学校

---

① 李亚青,王静.高校思想政治教育网络育人探究[J].学校党建与思想教育,2020(6):60-62.

网络舆情工作专家委员会成员,加强新媒体平台监管,强化网络平台审批;出台网络评论员管理办法,建立网络意识形态工作队伍建设;与第三方合作搭建网络舆情监测平台,分层次抓好网络舆情工作培训,选送优秀网评员参加各类培训班,逐步构建一支专业化舆情工作队伍。

强化网络舆论引导,积极开发精品项目。一些高校积极开发一系列精品节目和文化项目,加强舆情舆论的引导和校园文化建设,如嘉兴学院打造了"'红船先锋'党员教育管理服务平台""家园空间""辅导员微课堂""青春说""家校课堂"等精品项目,创作话剧《初心》、歌曲嘉院版《成都》等作品[①],开展"21天焕新打卡""学习强国"在线学习等活动,学校在"学习强国"嘉兴学习平台中的活跃度名列前茅。《新闻联播》《人民日报》《光明日报》等纷纷报道嘉兴学院思想政治课传递红船精神、红船精神大宣讲、聚力"关键大事"聚焦"民生小事"等专项活动。2020年嘉兴学院3篇网络文章、3件微作品、2篇优秀工作案例入选第四届全国高校网络教育优秀作品,2件作品入选第四届全国大学生网络文化节作品。[②]

强化网络舆论引导,要创新媒体矩阵。在创新媒体矩阵方面,中国计量大学牵头组建了"2+X"全媒体矩阵,"2"是指校党委宣传部负责的学校官方账号和校团委负责的"青春计量"官方账号,"X"是指全校各学院、职能部门负责的官方账号。在中国传统节日、传统纪念日、历史事件纪念活动等重要节点上,该校矩阵账号按照"同一主题、各自创作、共同发声"的方式,创作网络文化作品,以青年教师和学生骨干为主体,建立由公众号管理员、网络舆情员、全媒体中心团队组成的矩阵型队伍;依托互联网思维创新教育模式,制定年度考核细则、职务(职称)评审标准。在日常运营中,根据微信指数(WCI)每月发布"中国量大微信公众号排行榜",每年对微信影响力龙虎榜的上榜单位进行表彰;利用

① 李丽,戴湘竹.完善坚持正确导向的舆论引导工作机制[J].思想政治教育研究,2020,36(06):108-112.

② 石悦.公益性主题教育网站内容建设与其自媒体平台运营关系探究——以"中国大学生在线"网站为例[J].传播与版权,2021(8):53-56.

大数据技术分析用户群体特征和行为规律,有针对性地推送信息,增强主流价值观传播效果,提升育人质量;通过建立舆情监测预警机制,及时掌握学生思想动态,引导舆论走向,加强对所有校园媒体的规范管理。

五、营造校园网络文化

丰富校园网络文化内容,增强校园网络文化内容的吸引力和影响力,是开展网络育人的基础。在新媒体、网络文学、图像符号、表情包等网络流行表达方式快速发展的时代,单一的、传统的说教式校园文化显然力不从心。新媒体背景下,校园媒体成为校园网络文化的主要载体,高校不仅要关心传统媒体与新媒体的有效融合,还要兼顾文化艺术娱乐化程度。既要将新型网络媒体文化融入校园文化建设,又要防止媒体过度娱乐化。

第一,要进一步强化校园媒体宣传教育功能的有效发挥。一是利用"线上媒体+线下活动",营造浓厚的网络文化氛围,建设校园网络文化。许多高校利用传统媒体的宣传栏、公告栏和新媒体电子报刊、公众号、订阅消息等,将一些优秀教师和先进人物推送出去,供学生阅读和浏览。二是创新校园文化活动的内容和方式。校园媒体要从学生感兴趣话题、热点事件等方面搜集素材,并与优秀传统文化、社会主义核心价值观等思想政治教育内容相结合,融入校园各类文化活动中,改善校园文化环境,打造学生喜闻乐见的校园文化。三是丰富校园网络文化的内涵。校园网络文化的内涵在营造高校网络育人环境中起决定作用,因此,要遵循高校网络育人原则,丰富校园网络文化内涵,增强文化潜移默化的影响力。

第二,要提升校园网络文化的思想性、知识性和趣味性。一是加强体系化的校园网络文化内容建设,将整个学校的信息和文化传播过程划分为不同阶段,有针对性地进行设计,使之相互联系并形成一个有机整体。二是主动设置议题引导学生参与文化建设。传统校园文化建设中,学生是被动地接受校园文化,这种单向性是传统校园文化建设的弊端。随着网络的普及,学生不仅是校园网络文化的接受者,而且是校园网络文化的建设者。因此,可以充分利用网络这一技术特点调动学生参与校园网络文化建设的积极性,设置重点工作和热点话题等,既可以集思广益,增强学生主人翁意识,又可以及时了解学生的思想动态以调整内容。三是打造校园网络文化品牌。大学生作为一个特殊群体,他们的思想意识、行为方式具有鲜明的时代特色。要培养高素质大学生网民群体,打造符合大学生兴趣的校园网络文化品牌,提高其趣味性,提升学生参与度、认同度,更好地发挥大学生在高校网络文化建设中的主体作用。

第二节　构筑高校网络育人平台

一、完善网络育人平台的建设

强化平台设计,必须大力建设数字化平台,如本科、研究生工作服务平台,以学生为中心,搭建网上教育学习平台,以及"青年之声"等互动社交平台;搭建基于互联网和大数据技术的大学生成长成才的信息交流平台,推进大学管理信息化与教育现代化融合发展。平台发布的信息内容应以更易接受的网络语言为载体,内容应更贴近大学生实际生活,立场更符合大学生的兴趣和关注点。要抓取大学生感兴趣问题的实质和核心,过于理论化的内容在大学生群体传播的过程中很可能会遇到阻力,使大学生对网络思想政治教育失去兴趣,导致网络传播平台的受众流失。要完善网络舆情监测机制和预警发布机制,确保校园安全稳定,加强校园文化活动阵地建设,营造良好的网络空间氛围,引导大学生树立正确的人生观、价值观。

完善网络育人平台的建设,必须推进媒体融合。全媒融合时代的到来，对高校校园媒体作用的发挥提出了新要求。以往，一些校园媒体有时成"三足鼎立"的局面，缺乏互联互通，报道内容要么相似，要么完全不同，在一定程度上影响了媒体育人功能的发挥。在互联网发展和媒介融合的大背景下，高校媒体应抓住机会，不断实现各种媒体的融合发展和协同创新。在育人渠道方面，高校必须加强对校内各类媒体的监管力度，确保各类媒体传播信息准确及时，使其成为校园文化建设和思想政治教育的有力抓手，同时也不能忽视对外媒体的舆论引导工作。为此，高校应将校园广播、校报等传统媒体与新媒体、学生新闻中心等媒体部门相结合，与纸媒、网络媒体、移动媒体相结合，将官方媒体作为高校和师生的主阵地，打造各具特色的自媒体平台，使校园传统媒体与新媒体平台协同配合，实现全校各媒体平台最大限度的融合。

完善网络育人平台的建设，必须完善课程资源。平台课程资源的管理与维护是思想政治网络教学平台日常运维的主体工作，也是网络育人的核心环节。第一，要制定完善的规章制度、严格审核的制度，加强信息和管理的监控，及时清除有害信息，保证网络平台安全运行，确保平台的数据安全。第二，建立合理有效的管理制度，规范工作人员的行为，提高管理人员的素质，使其能够更好地开展工作。第三，在网络教学平台上开设不同的课程，按照谁建设、谁管理的原则，责任到课、责任到人，确保教师及时对平台资源进行更新，积极打造各专业和学科的主打课程。第四，当信息存储和读取数量较大时，会出现网速较慢、服务器不稳定等问题，要建立专门机构，定期监控检测网络服务器，加强建设网上报修系统，师生在使用平台时若遇到技术问题，可随时咨询，系统可及时处理，确保思想政治课网络教学平台正常运转。第五，当前校园网络平台和数据资源有时会受到黑客的攻击，要防止有害信息的传播，净化网络教学平台，为大学生提供积极健康的学习环境。

完善网络育人平台的建设，必须建立清朗的网络环境。由于网络时代大学生接触到多元的价值观念，有可能影响大学生形成正确的世界观、人生观、价值观。因此，高校要创新网络思想政治育人方式，帮助学生提高辨别是非的能力;要积极构建以"互联网+"思维为导向的新媒体平台,扩大新媒体平台的传播范围,提升其传播效果。要加强校园文化的推广与宣传,推动传统经典思想内容的数字化、网络化,发挥传统文化的引领示范作用;要充分发挥学生党员的先锋模范作用,积极探索利用网络平台,创新网络思想政治和党建工作新形式,鼓励党员经常关注党建网微平台、全国党建云平台等党建类微信公众号,关注人民日报、新华社、微言教育等微博,主动学习分享相关图文消息,提升自身理论水平。同时,鼓励党员积极参加网络安全宣传周、网络知识竞赛、网络调查问卷等活动,将部分活跃党员选聘为网络信息员、网络文明志愿者等,在校党委指导下努力做好舆论引导,充当意见领袖,积极抢占主阵地,宣传主旋律,弘扬正能量,营造风清气正的网络文化空间。

二、坚持网络育人内容的创新

坚持网络育人内容的创新,必须注重社会主义核心价值观导向。加强高校意识形态领域理论创新,提升马克思主义指导地位,用社会主义核心价值观提升大学生辨别能力,优化网络文化内容供给,推进社会主义核心价值观有机融合。高校要强化主流舆论宣传引导作用,坚持将主流意识形态融入校园网络文化建设的全过程。创建一批网络育人精品课程,推进网络育人教学资源库和案例库建设,创作大学生核心价值观网络诗歌、动漫等文化作品,丰富校园网络内容,提供优秀网络文化产品,例如南阳师范学院组织开展的"绿茵读书会""道德讲堂""志愿社"等活动,以大型节日为契机,打造一系列亮眼、有深度、生动活泼的微视频主题,有效增强学生对新时代的责任感和使命感。

坚持网络育人内容的创新,必须创新网络文化作品。网络时代是一个快速发展的时代,也是多元价值观碰撞融合的时期,网络在当前已经成为当代大学生生活的必需品。网络文化作为一种新型的社会文化形态,对高校思想政治教育产生了巨大冲击,如何创新网络文化作品建设,是高校思想政治育人面临的巨大挑战与机遇。高校网络育人需要在手段、形式和内容三个方面创新，而其中最根本的是内容创新，只有抓好网络内容创新，才能适应新形势发展。在网络的速读时代，读者的注意力是短暂的，内容是直观的，要想易于理解和被学生接受，要积极采用图片、文字、视频、声音相结合的方式，提供更短更简洁的图文结合的教育作品，比如政治理论课中的"图像阅读"，爱国主义教育中的"微视频"，心理健康教育中的"音频"等。从创新形式上看，既要整合互联网碎片化时代青年学生的集体行动偏好，又要考虑个体的多样化需求。在传播途径上，应充分发挥网络技术优势，利用各种新媒体手段增强信息传播速度，利用高校思想政治工作矩阵、数字平台群、校园网新媒体群、思想政治工作网络课等载体，开展形式多样的校园思想文化教育活动和主题活动，弘扬主旋律，传递正能量。

坚持网络育人内容的创新，必须重视实践教学。学校应设立鼓励教师开展实践教学的专项经费，明确为教师提供参与开展各类学习活动、培训交流、研究考察等实践教学活动的经费支持，使教师能够学习和吸收同行的教学经验，以便更好地实施实践教学。对不同岗位、不同教学任务的教师进行合理性补偿[①]，以对擅长和乐意从事实践教育的教师形成内在激励。此外，要建立健全科学的评价体系，完善对教师实践教学成果的评价，激发教师提高实践教学能力，对教师优秀的教学能力实践予以表扬，提高实践教学教师的归属感和成就感。要充分调动学生的积极性。如果说教师主动性是实现实践教学效果的核心要素，那么学生的主动性的培养则是实践教学目标实现的首要因素。要激发和调动学生的主动性、积极性，首先，要从大学生自身角度出发，建立实践教学的主体意识和思维方式。这就要求教师不仅具有扎实的专业知识与技能，而且还应该具备一定的思想政治素养及良好的心理素质，能够自觉主动地进行社会调查

研究,并对所做工作提出建设性意见和建议。要让学生认识到,参加实践活动是自己的事,教师只是指导学生学习的导师,只有学生自己参加,才能真正了解理论,真正促进理论和实际的结合。其次,应鼓励大学生从"外在动机"向"内在动机"转变,使大学生树立明确的实践动机,形成正确的实践行为,建立良好的自我激励能力,实现从以获得学分、奖学金为目的,向以自身素质、能力发展为目的的转变,使学生更加注重学习过程而不是学习成果,完成从"要我学"到"我要学"观念的转变,树立积极的意志、信念,提高对参与实践教学过程的积极性。从实践教学教师的角度来看,教师首先要创造一个良好的互动教学环境。教师要注重提高自身素质,善于把握时机,尊重并信任每个学生,以学生为中心,了解学生,建设平等、融洽的师生关系,形成良好的互动环境,吸引和调动学生融入实践教学。只有这样才能让每一位学生积极参与实践教学活动,促进大学生全面发展。同时,教师应注重引导全体学生参与实践教学全过程,不能因学生人数有限而随意剥夺部分学生参与实践教学的机会。高校要构建多元评价体系,激发大学生的主体性,及时鼓励大学生积极参与实践教学,评价其主观能动性,对学生的不良态度和行为进行批评教育,同时,要让学生成为评价的主体,既能评价自己,又能相互评价,发挥先进个体的模范作用,调动学生的积极性和主动性。

坚持网络育人内容的创新,必须形成网络文化创新的氛围。高校必须注重氛围的营造,使之既能提供良好的人才培养环境,又能充分激发时代和社会正能量。网络是人类历史发展到一定阶段后出现的新事物,它既具有虚拟性又有现实性。在网络技术飞速发展的今天,利用互联网学习知识、分享感受已成为一种时尚;要坚持用先进文化引领社会思潮,增强先进文化在网上的吸引力、感染力、影响力,强化传统文化的传承,提升青少年思想道德水平;坚持与时俱进,不断创新文化的传播方式和载体方式,总结推广优秀网络典型作品,定期推荐文学、学术论文、时政、微博热点、精要评文等优秀网络作品,以及网络文化"微"作品,例如微课堂、微视频、微电影等,将理论与现实结合起来,既要体现情感诉求,又要有理性说服力,润物细无声地感染人心,引发学生的思想共鸣;将教育内容嵌入民族情感中,包括讲述民族故事和社会热点,将内容巧妙地融入学生的认知结构,以激励学生讲好故事并加强与学生的情感联系。

三、构建话语体系

随着网络平台用户数量的增加和活跃度的提升,基于互联网的网络语言体系变得更加独立和多样化,青年人在互联网上对新技术、流行文化等网络语言的讨论更加激烈,迅速推进了网络语言体系的丰富和不断发展。思想政治工作本质上是人的工作,在当前网络与日常生活的深度融合下,网络思想、网络语言与日常生活、日常用语已深度融合。大学生群体作为一个特殊的消费群体,其生活方式、价值取向、行为模式都有独特之处。构建网络化的思想政治话语体系,是推动传统思想政治教育和网络相融合,推进网络育人的必然要求。高校思想政治工作者不能再像以前一样只关注大学生的成绩,而应将更多精力放在如何培养其正确的世界观、人生观、价值观以及形成良好的道德品质上,要尊重青年学生的兴趣和呼声,与青年学生互动交流,创造性地重构思想政治话语,引导和促进共识,共同做好网络话语体系建设。

与时俱进,是当代思想政治教育的突出特点。在新的时代背景下,高校校园媒体应利用新媒体的开放性和便捷性,构建适应新时代背景的话语体系,丰富思想政治教育的内容,彰显时代话语的价值。思想政治教育的内容要始终以马克思列宁主义、毛泽东思想、邓小平理论、"三个代表"重要思想、科学发展观和习近平新时代中国特色社会主义思想的理论话语内容为基础,根据大学生群体自身特点和接受习惯,结合新时代背景的网络话语体系,不断创新网络思想政治话语体系,使其更加符合当代社会发展需求,从而达到提升大学生思想素质水平,提高高校思想政治课教学工作有效性的目的。高校媒体要立足大众化、差异化传播理念,聚焦学生内心世界,直面学生实际问题,反映思想政治教育话语内容设置和报道的真实情况,以学生色彩斑斓的生活、流行网络话语、网络表情和符号等热点话题为维度,聚焦媒体话语内容,使内容更加具有说服力,传播更加精准。网络思想政治话语的内容,要贴近现实生活,以学生为主体,与时俱进。

高校网络育人话语交际范式的构建,离不开主客体之间的语言交际。新媒体时代的到来,使得片面、独白式的思想政治教育向平等、自由、互动、交流的方式转变。在互联网自由开放、平民化传播的时代,教育主体的话语霸权被打破,高校在顺应媒体时代发展浪潮时,应积极营造平等、自由、和谐的话语氛围,摒弃传统的"学科-客户"二分法的单向教授方式,加强双向传播的话语范式构建,重视对师生话语权力的制约和监督,要确保教师在课堂上坚定政治立场,以身作则。要充分发挥教师在网络育人过程中的主导性作用,教师有什么样的立场观点,就会向学生传递什么样的世界观、人生观、价值观,拥有良好的政治态度、政治觉悟,才能引导学生走得更远、走得更顺。教师本身要学高身正,德才兼备,才能起到良好的示范作用,引导学生建立良好的品行。

在校园网络育人主题品牌建设过程中,应注重品牌的服务导向和传播功能。精准打造专题网络育人品牌课程,开展专项学术研究,重视对受教育者话语主体性的培养,提高教师话语影响力,加强对师生对话机制建设,增强受教育者自主学习能力和创新思维能力,营造和谐宽松的校园文化氛围。整合媒体的作用,在宣传品牌的同时,要充分关注网络公开信息和舆论舆情观测,帮助学生搭建思想政治价值体系,结合学生思想特点,给予合理的引导,立足现实,运用趣味化、寓教于乐的教育方式,贴近学生日常生活和学习生活,平等相待、相互理解、互相尊重,对学生思想政治教育、就业指导、心理健康教育等提供全方位指导。

四、健全平台管理机制

管理,就是指管辖和治理,本质上是指根据工作的性质和规律,对资源进行整合和优化,以达到预期的效果和目标,履行管理职能,实现动态效率的过程。[①] 随着我国高校办学规模不断扩大,学校内部各部门的管理幅度逐渐增大,而建立完善的管理模式则显得尤为重要。在新时代,如何充分实现高校内部各部门的协调,加强平台管理,提高管理效率,成为摆在每一所高校面前的重大课题。

大学生作为校园活动中最活跃的群体,在网络交流中也有主体性的表现,是网络互动参与的主力军。因此,校园管理者要以遵守法律法规和教育的客观规律为前提,提高对校园网络平台建设管理机制的认识。首先,应组建一支高技术型人才队伍,通过技术创新和工作流程优化,不断完善校园网络平台的功能建设,确保数据的畅通和业务迭代升级。其次,在现行的校园管理制度中,要考虑到校园网络的特殊性,创新校园管理规章制度,规范校园网络平台的使用,明确各部门管理人员的权限和义务[②],构建有序的校园网络平台。再次,应将校园各级管理体系与校园网络平台进行整合,建立具有监测、收集、分析和干预功能的监测监督机制,对校园网络运行进行动态监管,运用网络技术手段进行突发事件控制,在突发事件爆发时有效维护校园生活的稳定秩序,保障校园网络平台正常运行。

高校需要在政府的宏观政策指导下,在现有校园网络制度的基础上,紧跟互联网的高速发展,具有前瞻性思维,不断完善校园网络制度化建设和监管,健全学校内部管理规章制度体系,加强对学生日常学习生活的规范指导和监督,建立与之相适应的考核机制和奖惩措施,形成科学高效的管理机制。要通过建立完善的管理制度体系,提升大学生思想政治觉悟,增强其自主管理能力,提高大学生的制度意识、规则意识。

---

① 谭思师.高校网络思想政治教育的实现路径[J].中学政治教学参考,2022(1):93.

② 陈发达.网络思想政治对社会焦点的捕捉和解读[J].中学政治教学参考,2021(43):69-70.

五、加强互联互通

抓好网络主阵地建设,必须注重提高思想观念,丰富"两微一端"等传播阵地的知识和信息,增强传播阵地的吸引力,打造一批具有时代特色、大学精神和品位的网络主阵地。在学校主页、新闻网、党网、校协会等网站上明确宣传中国特色社会主义理论体系,打造全面、协调、有效的网络思想政治宣传体系。要做好引导,强化制度规范,形成良好的舆论环境;要创新方法,丰富手段,增强信息传播力、影响力;要重视实践,打造特色品牌,提高学生参与度;要加强监管,确保信息安全;要多平台融合发展,通过坚实的阵地建设,实现校园网络文化育人功能。在平台建设上,以网络文化的完善和发展为抓手,注重网络资源的集聚和充分开发,实现育人、管理、服务一体化。要坚持强化网络舆论引导能力,营造良好的网络空间,用真正的道德感化学生,用伟大的文化激励学生,引导学生通过网络不断感悟和践行社会主义核心价值观。进一步强化学生党支部的战斗堡垒作用,不断提升学生党支部的先锋模范作用,努力培养大学生成为德智体美劳全面发展的社会主义建设者和接班人。

加强交流沟通,促进校园文化繁荣。网络平台的应用对于高校来说具有重要意义,因为它可以将学生与互联网连接起来,使得他们可以通过网络获取知识信息。随着互联网技术的普及,越来越多的高校将网络平台作为对外展示形象、对内开展工作的窗口。然而,高校只对自己的网络平台进行单独宣传和利用,而较少进行互联互通。高校这种单兵作战方式无法形成高效率的集团优势。随着互联网技术的发展,各个学校之间可以通过建立起一个或多个局域网,来加强信息交流与资源共享,形成多跨协同的校园网络平台的全新网络应用形式,通过局域网平台的互联互通,整合网络资源,在有效沟通协调下,形成强大的网络文化合力,最大限度发挥网络育人的积极作用。

第三节　打造高校网络育人队伍

一、完善队伍建设

人才资源是高校事业发展的核心,加强和改进网络育人工作,关键在人才。建设一支熟悉现代信息技术的高素质网络育人队伍,可以有效地提高网络育人和学生成才的效率。党的十八大以来,各高校把建强网络育人工作队伍作为重要抓手,加强思想政治工作人才队伍建设,打造全方位育人矩阵。但目前我国网络思想政治教育者队伍的建设还存在着诸多不足:一是缺乏专门管理部门,二是未设立专职管理机构,三是未能形成有效机制。因此,高校要进一步强化分类指导,健全激励机制,加强业务培训,打造一支具有战斗力的网络育人队伍。

要全面认识到学生思想政治工作的重要性和艰巨性,充分认识到思想政治教育不仅是事务性的工作,更是一项系统的方法论体系,应充分发挥高校思想政治工作人员在校园网络教育过程中的核心作用,形成线上线下同心圆,在教育专业和思想政治专业的教职工队伍中,形成一支具有理论知识和应用能力的思想政治工作专业队伍。一是选拔高层次高资质的思想政治教育专家,协调学生与教育者之间的关系,做好学生工作,增强教师影响力。二是培养具有"网络技术＋思想政治专业"能力的复合型人才,营造安全、干净的网络,利用网络平台充分进行网络思想政治教育。三是加强心理咨询队伍建设,建设在线心理咨询平台,及时关注学生心理健康。四是积极利用思想政治觉悟高的大学生,了解大学生网络思想动向,对网络信息进行监测和管理,在各部门、各班级、各专业、各宿舍培养兼职网络信息员,了解网络发展的趋势,掌握学生实际情况,提高网络风险预警能力。五是要强化教育引导,发挥好辅导员、班主任等其他人员的作用,发展壮大网络力量,打造思想政治教师、宣传人员、学术研究人员、网络技术人员构成的新型工作体系。专职管理者还应践行"大思政"的教育理念,深入研究网络教育规律,定期制定和推进技术开发、网络分析检测、安全管理和监督,积极推进全员全面全覆盖的培训。

完善考核制度。建立严格科学的评价体系和考核标准,以保证教师能够真正将课程思想政治落到实处。要建立科学有效的课程评价体系,采用多种方式对课程进行综合评价,促进课程修改和发展。坚持自主参与、自主管理、自主学习的原则,打造政治觉悟高、业务能力强的学生核心团队,动员学生会、团学组织、党支部、青年协会分会等学校组织参与网络育人建设,发挥点对点互助的作用,使网络育人更有成效、更有针对性。强化人才的制度保障、平台支撑、机制创新,通过健全人才考评的规章制度,建立绩效的长效管理机制,搭建人才交流的网络平台,构建立体化育人格局,强化思想政治教师队伍的主体责任,营造良好舆论氛围,为网络思想政治教育工作提供有力的人才保障机制。

培养新型网络育人队伍。目前,许多高校的思想政治教育工作体系,主要由学生事务部、宣传部、保卫部、校园网络中心等部门组成,分工并不明确,协调能力有待进一步提高。高校网络教育团队并非独立于线下辅导员和教师思想政治工作团队,而是依赖网络教育的环境,立足网络教育形势,深度适应空间、载体、渠道变化并适应大学生特点和思维方式,具有新思维、新理念、新技能的网络育人队伍。从宏观层面看,高校不仅要树立"大思政"理念,更要创新"大思政"理念,开展网络思想政治课程教育、日常在线科普、在线思想政治教育、心理健康咨询等,发掘网络空间中可能产生的一切教育机会和教育资源,深入挖掘教育活动蕴含的育人价值。从中观层面看,"大数据+时代"的出现,为高校推进网络育人提供了新平台。高校网络育人队伍建设要与线下教育工作同频共振、同向发力,为高校凝聚领导力、服务力、政治力、支持力,形成线上线下齐抓共管的良好氛围。从微观层面看,高校网络教育队伍建设需要充分结合新时代高校特点,围绕新时代学生培养目标,关注思想政治工作动态,探索适合的路径,发展新型思想政治教育网络团队。

二、强化分类指导

提高专业课教师的思想政治教育意识和育人能力。课程思想政治的有效开展,关键在教师队伍水平的提高,而思想政治教育融入专业和学科的关键,在于教师的思想政治教育意识和能力。因此,教师的教育意识和能力应该是课程思想政治的重点。由于专业课教师注重专业学科知识和专业技术教学,对学生的思想状态、身心发展关心较少,对思想政治教育工作的方法和原理不够了解,这就要求高校在进行课程思想政治建设时,必须重视专业课教师思想政治能力的培养,专业课教师只有具备一定的思想政治教育能力,才能胜任新时代赋予的职责。要加强专业课老师对"大思政"理念的学习,通过"大思政"学习提高教师对课程思想政治价值的认识,唤醒高校教师主动承担育人责任的意识;对专业课教师进行思想政治教育内容培训,教师只有做到真正理解、真正信仰、热爱马克思主义,才能真正做到用马克思主义育人。通过加强专业课师资队伍的思想政治能力建设,提高专业课教师对习近平新时代中国特色社会主义思想的掌握程度;利用校园文化环境营造氛围,激发广大师生参与课程思想政治的积极性,加强与专业思想政治队伍的合作,通过实践活动培养专业课教师实践育人的能力,使其能够真正做到理论与实践相结合。

高校要不断提高辅导员和管理人员的思想政治工作能力。2017年教育部修订了《普通高等学校学生管理规定》,2021年中共中央、国务院印发《关于新时代加强和改进思想政治工作的意见》等,都凸显了党中央高度重视思想政治育人。这就要求我们必须从思想上重视课程思想政治,强化课程思想政治理念,把大学生培养成为德智体美劳全面发展的社会主义建设者和接班人。思想政治教师是课程思想政治的主力军,但辅导员和管理人员是课程思想政治的重要补充力量。辅导员始终站在学生工作的第一线,是学生身心健康的导师。因此,为了提高高校辅导员的职业道德,使辅导员能爱岗敬业、恪尽职守,教育部颁布了一系列政策文件,鼓励高校加强辅导员业务能力培养,使其具有较高的知识储备水平和沟通能力;管理人员是高校学生工作的重要组成部分,也是课程思想政治全员育人队伍建设的重要参与主体,要树立"大思政"思维,要统筹协调学校各部门管理人员的工作,在不断提升管理人员队伍服务质量的同时,强化管理人员思想政治工作领域的知识文化素养,潜移默化地影响与学生的互动,确保课程思想政治建设的有序推进;重点培养网络建设人才、网络管理人才、网络应用人才、网络文化人才等,通过多种途径对这些人才进行系统培训,提高网络意识和业务技能,使之成为掌握现代信息技术、适应新形势发展要求的应用型人才。

三、健全激励机制

网络育人要加强制度导向,建设以示范引领和奖励激励为主的制度体系。其中,以鼓励为主的示范引导主要包括出台相关政策和措施,而以奖励性为主的奖励激励主要表现为建立相应的考核评价机制,两者相辅相成。目前,限制高校网络工作队伍建设的主要因素是网络文章和网络文化作品在职称评聘和工作量计算中不能被视为"成果",这严重影响了高校网络育人工作队伍的积极性和创造性。要建立健全网络工作团队的培训和考核机制,做到有任务、有考核、有奖、有罚,健全高校激励机制,完善评价体系,通过建立网络文章和网络文化作品的评价体系,实施量化评价、开展专家评审,形成科学、合理、可操作性强的评价体系,提升网络文章和网络文化作品在职称评聘中的重要性。建立全员参与的评价机制,形成人人争当课堂主角、人人争做学习标兵的良好氛围,激发教师参与网络育人的热情。

为提高网络育人内化的实效,推动思想政治教育工作与信息技术的进一步融合,高校推出了一系列有助于推进网络育人创新发展的激励性举措,包括研究制定推出新的职务(职称)评聘办法和优秀(先进)人物评选办法等,将优秀网络文章等网络作品成果和先进网络思想政治工作事迹纳入考评机制之中。清华大学建立激励机制,设立网络优秀文章优质优酬机制,将网络平台上的信息转发和评论数量作为基本依据,对优秀成果进行奖励;北京大学将学生网络创新成果计入学校人才评价体系;上海交通大学选取试点学院,分步骤推进专业教师和科研人员参与网络文化建设;中国传媒大学在学校主页设置"今日推荐"特色栏目,对在这个特色栏目发表的评论及专题文章进行评选,优秀成果纳入职称评选统计成果;天津大学拟定实施《天津大学优秀网络文化成果评价办法》,建立了影响力评价、推广价值评价、关注度评价等多维度的评价指标,同时引入专家评价、第三方评价等多个评价主体,既能保证客观公正,又通过评价过程实现了对优秀成果的推广。

促进学生进行深层次学习。美国教育心理学家布鲁纳认为,"学习有表面的过程,也有深层的过程"。因此,学生在在线教学平台上的学习分为表层过程和深层过程,学生在线教学平台上的学习表现,最终关系到学生综合评价结果。表面学习过程主要体现在使用在线教学平台的数量和时间、学生对在线学习平台的贡献,师生依托平台对问题进行的深入研讨、开展的专题研究、专题实验和专题实践。深层学习过程则是指学生通过自己思考、探索、实践等方式获取知识和能力的过程,它包括自主学习、协作学习、探究式学习三个阶段,其核心就是学习者如何运用自己所掌握的知识去解决实际问题。教师可以综合分析表面学习和深度学习的全面表现,并对学生的在线学习成绩进行总体评价。学期结束后,教师将学生在网上教学平台上获得的总成绩转化为思想政治课综合评价成绩的百分比,以激发学生网络平台学习的积极性。浅层学习和深层学习两者结合起来,就形成了学生的自主学习效果。

四、加强业务培训

面对时代变化、网络技术发展、新思潮涌现带来的挑战,高校必须选拔和招聘有影响力的思想政治教学人员,提高网络育人队伍现代化水平,建立健全网络育人队伍培养机制,对网络育人队伍进行全方位的培训,深化线上线下混合学习方式改革,促进教师角色和教育理念转变,做好网络育人工作,促进学校内涵式发展。

一是强化高校网络育人队伍责任意识。如今的大学生,信息接触面广,思想活跃,个性突出,对事物的看法容易偏激,这就需要思想政治教育队伍善于发现问题,直面矛盾,找到解决问题的办法,善于用马克思主义立场观点分析研究现实中的各种复杂情况,做到知己知彼,百战不殆。首先,要提升思想政治教育队伍的政治素质,加强队伍的大局观教育,不断提高网络育人队伍的责任感、使命感。其次,要培育网络育人思想政治队伍与时俱进的意识,积极接收学习新鲜知识和技术,重视自身素质的不断提升。与此同时,网络育人队伍还要熟悉网络文化,并且对网络文化的相关分类、基本特征等方面非常了解。

二是加强高校网络育人队伍专业技能培训。高校要组建一支政治素质高、业务能力强、专业技术强,具有网络素养、网络技能的思想政治教育队伍,鼓励他们积极学习掌握现代网络最新技术,促进综合能力提升。强化思想政治教育队伍的网络建设与管理能力,提升信息服务保障能力、基本信息提供能力和网络搜索能力。建立一支政治站位高的网络评论员和新闻记者队伍,鼓励他们在网络育人中发挥积极作用。

三是要积极打造学习型团队。以教育教学为中心,建立一支具有较高理论素养和实践水平的教师队伍,开展多种形式的网络教育,提高全体教师综合素质。同时,要激发网络教育团队主动学习的积极性,搭建"网络教育名师工作室"等多种平台,积极探索网络成员协同培养路径,优化网络培训团队结构,提高队伍整体素质。通过构建科学有效的数据和资源交换机制,建立团队协作联动机制,实现资源共享创新发展。

许多学校在业务培训领域开展了一系列实践,例如浙江理工大学优化队伍,制定实现全员育人的方略。嘉兴学院以提升队伍专业素养为根本,优化队伍结构,构建了一支网络技术水平高、思想政治工作先进的高水准育人队伍,建立了集优秀思想政治课程教师、专业数据资源专家、资深学生工作队伍等于一体的网络思想政治队伍,打造了集思想政治理论、专业技术、课程实践等于一体的网络育人平台。加强新媒体平台和"易班"平台运维学生队伍建设,建立了以网络宣传员、网络评论员、网络志愿者为主导的"核心＋骨干＋基础"三级网络文化组织模式。该校已申报获得省级网络名师工作室1个,建设校级网络名师工作室2个,学生网络工作室12个。浙江树人学院专门成立了由教师和学生组成的易班工作站,全面负责易班的功能加载及内容扩充。一是聘请计算机专业老师担任技术顾问,进行技术指导和把关;二是安排学生处老师负责内容扩充和审核,确保易班的正确政治方向;三是成立易班学生工作团队,在内容采编、服务升级、后台维护等方面,发挥团队贴近学生、了解学生需求的优势,增强易班在学生中的影响力。师生结合的团队,既保证了易班平台的正面导向、引领作用,又使得易班走进学生、吸引学生。

第四节 提升高校网络育人技术

一、推动技术迭代升级

"道在日新,艺亦须日新,新者生机也;不新则死。"面对日益迫切的网络思想政治教育需求,高校仍然存在对网络平台建设和相关人员技术能力培养重视不够的问题,一些高校网站和"双微"平台的管理者技能和专业能力不成熟,存在一人多岗现象,工作集中度、软件应用能力、移动终端操作能力有待进一步提高,网页的内容制作、信息处理能力有待提升,不能专注于网络育人的目标,网络思想安全意识不够强,这些问题影响了当前网络思想政治工作成效的提升。

首先,必须利用新兴信息技术创新育人手段。在当前信息大爆发的时代,网络信息泥沙俱下、环境复杂多变、思潮沉渣泛起,导致网络时代青少年价值观多元化,要针对大学生这种现状,利用互联网、大数据、人工智能等新兴信息技术创新高校思想政治育人手段,实现方式和手段创新,打造富有高校个性化的特色思想政治教育品牌,发挥网络思想政治的引领示范作用。同时,还要利用先进信息技术来开展丰富多彩的网络活动,通过多种途径对高校学生进行马克思主义理论及相关知识教育,丰富课堂教学方式,提高课堂实效性。要充分发挥"两微一端"的功能作用,加大对宣传阵地的投入和建设,推动课程思想政治的信息化、数字化;建设功能完善的公共主页或网站,加大对公共主页和网站建设的投入,推动传统正能量经典思想内容的数字化、网络化;充分利用微博、微信、小程序、小红书、抖音、快手等常用网络平台,加强与学生互动和信息共享,实现双向交流,逐步引导高校学生树立正确的价值观,在交流中把握高校学生群体的群体特征和思想动态,深入洞察学生群体的思想波动和关注热点,为网络育人工作提供参考。

其次,必须利用网络技术资源强化协同机制。高校网络技术资源是高校网络育人的重要组成部分,要实现网络育人,就必须将网络技术资源应用到高等学校教育教学中。网络信息技术主要包括高校网络育人平台的传感技术、通信技术、计算机技术。网络育人过程中,传感技术主要用于帮助大学生拓展感官,不仅可以控制远程联系或对接,还可以将不同类型的信号相互转换,是衡量高校网络教育信息化程度的重要标尺。通信技术包括 5G 等通信技术、无线通信技术以及无线接入技术等。在高校网络育人中,通信技术主要帮助大学生神经系统的扩展和延伸,主要保证各种教育信息和交互信息的有效传输。计算机技术包括大数据、物联网、人工智能、云计算等。在高校网络育人资源协作机制中,计算机技术在拓展教育者的大脑功能方面发挥着重要作用。这三大技术的更新迭代,是加强思想政治教育学科与信息技术学科深度融合与协同的必然要求,是提高高校网络育人协调机制科学化和信息化水平的重要保证。

最后,必须利用官网平台丰富网络内容。从狭义上讲,网络技术资源共享也是为了加强对现有网络育人平台、资源、载体和形式的集成和优化,促进平台间技术交流,强化技术支持和优势互补。当前官网类 app,如"学习强国",网络资源丰富,运行非常成功,内容权威,信息量巨大,可作为各类高校网络育人资源学习先进典型的重要信息来源。网络思想政治平台可以充分学习参考官网内容,形成一个数据库资源,实现优秀的信息源的相互分享,扩大受众规模。

二、创新产品类型

第一,加强新产品研发。以清华大学、上海交通大学、华中师范大学等为代表的高校,积极发挥信息技术的优势,强化思想政治工作与"互联网＋"、大数据、新媒体等信息技术融合,围绕主动服务、个性服务、自我服务、精准服务等理念,加强系列思想政治产品研发,推出了数字校史馆、精品视频公开课、网络心理咨询服务、网络学术交流平台等一系列创新性应用服务产品。清华大学主管在线教育的办公室和部门推出了"学堂在线""MOOC"等平台,上线多类型、多层次的高水平课程,清华大学团委发起的类似于"清华紫荆之声"的微信服务号,将活动报名、订票抢票等发挥服务育人功能的版面加入其中,其他诸如"网络微沙龙"活动、"清华小研在线"微信平台都在各个学院得到了充分的重视和有效的建设,推动了网络学术研究交流,为教师和学生提供了跨学科交流的创新服务平台。上海交通大学、华中师范大学等高校也以易班等代表性网络平台为基础,积极开发与自身实际相结合的本土化服务,例如在易班平台系统中整合一卡通、讲座、教务、图书馆、后勤等服务系统功能,注重汇聚、挖掘学生各类网络表现的大数据,为更有针对性开展好网络育人内化工作提供有力的支撑。

第二,创新在线课程平台。将思想政治教育的内容简单地"转移"到载体平台上是远远不够的,简单"转移"的做法使"师生互动"的理念无法真正落实,无法突出"老师"这个概念在实践中的意义,使得思想政治教育在一定程度上陷入形式化状态。这不仅会造成思想政治教育工作者自身价值与能力的下降,也不利于大学生全面素质的提升,难以对青少年群体形成长久的吸引力。基于此,一些学校也持续推进网络微素质课程建设,进一步构筑了线上线下立体教学、学习、讨论的网络空间,积极探索整体网络环境与具体性领域的结合路径,通过自身的技术优势进行网络平台和作品的创新、优化和转化,依靠 MOOC、微课等在线课程和各类新型在线思想政治教育平台的发展,提升网络思想政治内容的传播力,为学生个性化学习需求服务。

三、实现数据共享

当前,高校各职能部门,如学生工作部(处)、团委、组织部、教务处、宣传部、后勤管理处等,以及各院系各学科,都高度重视对数据的采集和存储,纷纷建立数据库。但当前一些高校的数据库建设都缺乏顶层设计的统一规划,各自为政进行数字化改革,很容易把部门数据变成不共享、不流动的数据孤岛。网络育人平台建设过程中涉及数据采集、数据处理分析及应用效果评价等关键技术问题。在数据存储方面,要坚决打破部门间数据壁垒,打通各条块的信息孤岛,整合形成统一的数据存储标准,并制定详细的数据收集方案,明确数据收集成员分工,形成完整、科学的数据采集流程,实现学校各部门数据共享、统筹协调和全校全方位数据资源互联互通,提升大学生网络思想政治平台的存储和智能研判能力。

在数据采集方面,高校各部门要依托数据共享,采集大数据样本,更充分地了解大学生个人及整体思想和行为数据的相关背景,观察相似数据的个体性和整体性①,分析相似数据的个体性与其他个体性及整体性的差异及其之间的关系,及时发现问题。在数据处理过程中,要根据数据分类建立专门的数据文件夹或文件云,将数据导入不同的文件夹,转化为可用的分析格式,逐步清洗数据,形成可随时调取分析的数据子集,实现对大学生网络育人的数据支撑。就数据模型而言,应深入研究各种数据之间的关系,根据数据的内在联系开发各因素之间的关系模型,建立模型的实证研究方法、技术及工作流程,对数据进行评估。在数据传输方面,应建立数据传输的标准体系,统一数据传输接口,注重数据传输过程中的安全性。

四、推进多跨协同

国务院于 2015 年 9 月印发了《促进大数据发展行动纲要》。2016 年 9 月,国务院下发了《关于加快推进"互联网＋政务服务"工作的指导意见》,提出要创新应用互联网、物联网、云计算和大数据等技术,加强统筹,注重实效,分级分类推进新型智慧城市建设,打造透明高效的服务型政府。随着信息技术在教育领域的广泛运用,教育管理理念和方式都发生了深刻变化。高校数字化建设已经成为提高教学质量和科研水平,培养创新型人才的重要措施之一,同时也是高等教育现代化发展的必然趋势。自《国家中长期教育改革和发展规划纲要(2010—2020 年)》《教育信息化十年发展规划(2011—2020 年)》发布以来②,我国大部分高校基本完成了教育信息化,建立了教育教学数字化校园和数字化体系,并通过先进、高效、务实的数字化系统传播教育内容。高校应结合实际,在数据集成、数据挖掘、运营方面建立详细的工作规则,严格对各类大学生数据进行系统

---

① 范凌飞.高校大学生思想政治信息化教育实效性研究——评《高校网络思想政治教育平台的构建及其应用研究》[J].科技管理研究,2021,41(7):237.

② 索文斌,朱翰墨,唐佳奇.对加强网络思想政治工作的若干思考[J].学校党建与思想教育,2019(15):87-89.

数据挖掘的标准和规则,对违反标准和规则的现象进行分析研判,及时发现问题,制定相应的处置预案,采取有效措施,及时加以纠正、引导。

我国高校的信息化建设经历了几个阶段的快速发展,已经形成了各具特色的平台和模式,对高校教育事业发展起到了很好的推动作用,且随着大数据、区块链、人工智能等技术的发展和应用,高校数字化建设逐渐向智能化、智慧化方向发展,深刻改变了高校的教育教学方式。校园是社会的一个组成部分,不能割裂于社会单独存在。因此,智慧校园建设要与城市大数据平台建设相衔接,通过城市大数据平台的数据共享,整合校园的个人样本数据和全校总样本的相关数据,有效协同政府、社会和网络服务商的相关数据,使个人和全校学生的数据更加全面、立体,通过互联互通实现数据的实时传递,打破数据孤岛,深入挖掘数据资源背后的价值逻辑,建立基于全数据量的分阶段预测工作模型,通过跨校跨部门的数据流通共享实现更精准的数据研判,推进校园管理和学校事业发展的科学化、精准化。

第五节　完善高校网络育人制度

一、健全工作机制

健全工作机制,必须畅通工作体系。部分高校在网络育人工作中,存在政出多门、协同性不强,各部门各自制定方案、推进工作、落实任务,相互沟通困难,缺乏通力合作,导致业务和流程衔接整合不够等问题,在一定程度上制约了整体创新发展水平的提高。究其原因主要是缺乏统一的顶层设计与统筹协调,没有形成凝聚各职能部门整体合力的工作体系,这就使得网络育人工作面临诸多现实难题,亟须得到解决。因此迫切需要建立健全行之有效的工作体系和机制,在校党委的统一领导下,树立网络育人工作的目标,加强牵头部门与参与部门之间的协同,以任务为导向,将任务细分到牵头部门和协同部门,层层细分落实到位,并通过任务系统推动业务流程的重组,重构网络育人的协同工作体系。

健全工作机制,必须细化责任分工。校党委要统一思想,将网络育人工作作为学校的重要工作内容,划分主体责任和具体责任,明确具体牵头部门的业务范围,并纳入目标考核体系中,以考核评价为切入点,推动各牵头部门和协助部门积极落实网络育人的具体任务。在校党委统一领导的有力保障下,推进相关部门各司其职,加强专兼职队伍相结合的工作机制建设,推动网络育人管理机构实体化,形成统筹谋划、系统设计、整体推进的良好格局。

以下以网络文化建设试点高校的一些典型案例为例进行阐述。清华大学、浙江大学等为代表的 985 高校,成立了由学校党政主要领导任组长,宣传、学工、人事、信息化等部门负责人任成员的网络思想政治工作领导小组。清华大学、电子科技大学、浙江大学、中国传媒大学以及天津大学等高校纷纷成立针对网络文化建设的工作部门。同时,清华大学成立了校级领导机构和工作机构,领导小组成员单位包括紧密联动的 10 余个核心部门;并且在校党委宣传部之下设校园网络文化建设办公室,具体负责协调推进网络育人日常工作,制定和完善相关制度;面向教师和学生群体,分别成立"藤影荷声""学堂路上""小研在线"网络工作室。浙江大学将网络思想政治建设作为试点实施项目,将其纳入十年文化建设计划的核心地位,2013 年成立了新媒体工作办公室,配备专职人员推进网络育人的相关工作,加强落实"网上浙大"工程,推进高水平门户网站和新媒体融合建设规划的落实落地。中国传媒大学也已建立校园网络文化建设与管理工作领导小组、办公室等机构,具体负责和推进网络文化建设和网络舆论疏导。中国传媒大学白杨网是教育部高校校园网络文化建设首批试点单位建设成果,也是中国传媒大学校内教学实践基地。

二、强化激励机制

首先,必须完善网络育人激励体系。网络育人是高校工作的重点领域、新领域,也是一个需要加强研究的新课题。与传统育人模式相比,网络育人具有一定的优势,网络在吸引学生方面有着天然的优势,可以提高学生的学习积极性,促进大学生的全面健康发展。然而,当前我国有些高校在开展网络育人工作时还存在着一些问题,尤其是激励机制和政策保障不完善,导致其作用无法得到充分发挥,降低了大学生接受教育的主动性,影响了高校网络育人质量的提升。高校要更加重视网络育人工作,构建激励措施,鼓励网络育人队伍不断创新工作方法,实现网络育人工作的持续发展和不断优化。目前制约高校网络工作团队的瓶颈是网络文化成果在职称评价中不被承认,削弱了网络教育工作者在工作中的积极性和主动性。因此,首先要建立合理的激励模式,积极鼓励网络育人工作常态化发展,尽快建立网络育人成果评价认定机制,将网络育人优秀成果纳入科研成果统计范畴,将网络育人效果和工作量纳入高校教育工作者考核、职称评聘指标体系,作为职称聘用和考核绩效评价的条件,鼓励高校思想政治工作者积极开展网络育人工作,改善高校网络思想政治工作者的工作环境,营造积极上进的网络育人良好氛围,激发网络育人领域教师科研教学的内生动力。

其次,必须加强人、财、物的支持。鼓励高校组建专门队伍,划拨专项经费预算,提供专用场地支持,探索建立健全以专岗专人、专项经费、专门场地为核心的保障机制,为加强和改进高校网络育人工作提供良好的制度保障。在人员配备方面,高校应按照国家要求的比例,积极增加人员编制,并建立教师招聘选拔机制等措施,鼓励优秀专业教师进入思想政治工作队伍,采取多种方式吸引社会优秀人才充实到网络思想政治工作队伍中,保证人员数量。例如,中国传媒大学、天津大学新设 5 个专职编制,其中,副处级岗位 1 个,电子科技大学新设 3 个专职编制,清华大学积极推动教师网评员、学生网评员、辅导员、专家等四支队伍建设。在经费来源上，鼓励高校给予一定数额的资金补助或专项资金支持。在专项工作经费方面，清华大学、中国传媒大学、中山大学、电子科技大学等高校每年投入经费100万元以上，用于支持网络文化建设，包括出台专项课题申报项目等。在专门场地方面，复旦大学、上海交通大学、电子科技大学、天津大学等在空间、设备上优先落实，专门拿出场地用于网络文化建设工作。其中，上海交通大学提供专门场地近百平方米，用于支持"研会微博""交大司令""西南风""源源""南洋通讯社"五家网络文化工作室建设。

再次，必须将思想政治课在线教学平台建设情况纳入教师评价机制。在信息化时代下，网络已经成为大学生获取知识的重要渠道之一，思想政治课在线教学平台能够提升教师对课程资源的开发能力，促进教学和学习方式的转变，提高教学效果。教师之所以不重视思想政治课在线教学平台，部分原因是大部分高校没有将思想政治课在线教学平台建设纳入教师评价机制。将教师的网络育人工作与薪酬、职称、评价结合起来，提高思想政治教师的积极性，调动思想政治教师的主动性，可以激励思想政治教师在思想政治课在线教学平台上进行创新，对教育资源进行不断更新，利用在线平台组织学生互动，激励学生参与在线课程和在线实践，逐渐提高教学资源的数量和质量，促进思想政治课在线教学平台的发展和完善。相关成果应作为教师在线平台教育成果，成为教师年终考核业绩的重要部分，鼓励教师多使用、多建设、多完善。此外，在教学和科研成果奖励中，可以将在线教育效果和在线教育研发作为重要考评内容，对参与网络在线教育建设的教师优先进行奖励，从激励机制和奖励措施上提高教师对使用在线教学平台、完善在线教学成果的积极性。

最后，必须将学生在网络育人平台的表现纳入整体评价。在许多人眼里，上网意味着看电影和玩游戏，要改变这种看法，在学校教育中，网络学习已经成为一种新的形式和方法，它不仅能使学生获得更多知识，而且还有利于他们树立正确的世界观、人生观、价值观。考试是鼓舞学生学习的有效手段，好的成绩可以激发学生的积极性，鼓励他们努力学习。如果学生在在线教学平台上课程的表现没有被纳入课程的整体评价,就会让学生认为在线学习教育无足轻重,不愿意投入时间和精力。教育工作者要严格防范学生的这种心理,将在线学习教育的成效和表现纳入学生的整体评估,让学生认识到在线学习的重要性,加大对网络育人平台的使用力度,让学生在使用平台中感受到平台的便利、快捷,体会到平台的优势,逐渐从被动使用走向主动使用。

三、构建监管机制

强化对网络平台运维的管理。加强网络育人平台运维的管理,是高校思想政治教育新常态下面临的一项重大任务。目前,高校网络平台的外部环境较为复杂,有时候网络平台会受到攻击,数据安全和隐私会受到威胁。如何加强校园网络安全教育?如何提高高校对外部风险的防范意识和能力?网络平台的管理需要规范化。高校要改变网络建设和管理的"九龙治水"现象,建立校党委领导下的信息中心等专职工作部门,统筹兼顾,落实全校网络平台的运维工作,实现网络建设、网络运行、网络维护、网络应急处置、网络优化升级等工作的集中管理。平台更新必须准确及时,要对存在的漏洞尽早进行修复、打补丁,对应用软件和系统进行及时更新,更新完善不同内容站点的安全机制,加强网站内容的监控,及时关闭问题公众号,消除不良账号对网络安全的危害。

构建舆情管理体系。高校要针对网络信息传播极快的特点,及时制定和建立网络舆情预警机制,构建"校-院-班"的三级舆情监测体系,由学校党委牵头,学院、思想政治工作者、思想政治课教师、学生骨干等参与,共同构建舆情管理体系,制定重大突发事件的预警和处置方案。第一,要建立网络舆情的主动监测渠道,成立舆情监测小组,通过大数据等信息技术,实时监测学校论坛、公众号等平台,及时搜集舆情信息。同时与相关部门合作,定期发布一些具有重要参考价值的权威报告或专题文章,为高校决策提供参考依据。第二,要将各渠道采集到的信息进行汇总融通,对各部门的数据进行整合、清洗和加工,及时组织专家力量,采用大数据分析等手段,加强对舆情的分析研判,要及时关注不良舆情的发展动态和演化趋势。第三,要形成通畅的舆情上报机制,将不良舆情的苗头信息及时报送到主管部门和领导,做到早监测早预警,为有效引导奠定基础。第四,要及时做好不良舆情的引导和处置工作。当发现不良舆情时,要尽快启动预警机制,加强数据分析和精准研判,制定有效措施,及时处置,积极引导舆情走势,疏导负面舆情。要加强师生之间的沟通交流,建立健全校园突发事件应急处置预案体系,完善相关规章制度,规范管理流程,提高管理水平。第五,要抓好网络舆情的跟踪和反馈工作。要时刻关注网络舆情,及时跟踪舆情新动态、新迹象,及时向学生通报学校舆情问题处理的结果、原因和整顿措施,有效疏导学生的不良情绪,打消学生的疑虑和困惑。要积极应对突发事件,通过各种形式开展危机处理培训,使学生充分认识到校园网络安全与管理的重要性,提高应对突发公共事件的处置能力和应急反应能力,做好日常预防工作,事后要积极思考,认真总结经验,并运用到今后的工作中。

培养网络监管力量。要提高舆情监测系统建设管理人员的素质,鼓励在思想政治教师和学校管理层培养网监员,积极运用大数据、人工智能等技术,对微信、微博、直播等平台的信息和数据进行监管,对低俗信息进行及时管制,对不良舆情进行及时引导,强化网络道德建设,营造健康向上的校园网络媒介生态;建立学校与家庭、社会联动机制,完善网络综合治理体系,依法治网、从严治网,共同做好大学生的网络安全工作。

四、建立保障机制

加强顶层设计。构建综合管理机制,加强顶层设计,按照"大思政"的总体格局,把网络育人提升到学校发展战略的最高水平,打造系统化全覆盖的运行机制。营造良好的网络育人氛围,建立由校党委领导,多部门和学院共同参与,其他部门和单位配合的齐抓共管机制。在教育内容上坚持以学生为中心,突出人文关怀;在教学形式上以线上线下结合为主,拓展实践活动;在评价方式上注重过程考核,促进全面发展;探索多元化的管理体制,强化管理主体责任。

建立联动机制。高校要加强网络管理部门与各相关职能部门之间的合作,完善网络安全法规体系建设,重视大数据分析技术在日常管理中的应用,提升管理水平,实现管理科学化。要强化预警意识,利用大数据、云计算、互联网等技术构建安全和可信的网络空间,使用人工智能技术对学生进行个性化管理,提高管理效率。在大数据分析平台建设中,要加强网络安全教育培训,提高师生安全意识。同时,要提高对学生思维倾向的分析,观察学生的复杂行为,研究学生的心理需求,利用大数据技术提前研判,及时发现问题,制定有效对策,及时准确地对学生进行思想政治教育。通过联动机制完善敏感事件和突发事件应对机制,提高应对突发事件的能力,及时监测、预测、处置、管控舆论。着力加强综合统筹,在充分发挥传统思想政治工作优势基础上,建立健全网络思想政治与传统思想政治的融合联动机制,通过共享资源、共同发声、共同策划等方式,提升网络育人的合力。

健全法律制度体系。当前互联网环境下网络育人面临新问题、新形势,是传统法律体系所未关注到的。要引导社会各界共同努力,形成多方面合力,加强对新形势下网络育人面临的法律法规问题的研究,进一步推动政府完善高校网络育人的法律制度体系建设,共同推进高校网络育人法制建设。当前高校的思想政治教育管理人员普遍存在对法律体系不熟悉,对教育相关的法律、制度宣传不够的问题,要结合互联网时代形势的变化和网络育人目标,从实际出发,深化法治宣传教育,以法治思维和法治方式开展网络育人各项工作,引导广大师生牢固建立法治意识,树立法治观念。

第六节　强化高校网络育人宣传

高校是国家培养社会主义事业合格建设者和可靠接班人的重要阵地,青年是实现中华民族伟大复兴的生力军。加强高校网络育人宣传,是强化思想引领,引导大学生"扣好人生第一粒扣子"的关键环节。然而,当前高校在育人宣传方面存在着诸多问题与不足,无法满足全媒体背景下思想政治教育工作开展的需求。为此,如何在互联网、大数据、人工智能等新兴信息技术普及的背景下,从推进媒体融合、创新内容设计、构建宣传矩阵等方面入手,加快媒体的转型升级,构建校园融媒体,推进网络育人宣传,对实现教书育人、立德树人的目标至关重要。

一、推进媒体融合

融媒体、智媒体的到来,为高校思想政治教育开辟了新的领域,新媒体与旧媒体的融合和智能化发展是当今时代发展的大势所趋。高校作为社会意识形态工作最重要的阵地之一,承担着为国家培养社会主义事业合格建设者和可靠接班人的重任。媒体融合的背景下,校园媒体必须从内容到形式进行创新变革,才能获得长足发展和壮大。充分发挥校园媒体的"大思政"引领功能,树立全新的"互联网＋媒体"理念,推进新兴媒体与传统媒体的深度融合,是高校媒体融合发展的前提和保障。高校媒体要充分认识到媒体融合的重要性和紧迫性,要认识到融媒体在推进"大思政"工作中的重要作用,推进思想理念创新,树立融媒体、智媒体的导向,因时制宜,顺应互联网时代发展要求,利用数字化思维、数字化技术、数字化认知改造传统媒体,以用户体验、价值传播、自我实现为原则,以新兴信息技术为基础,推动校园传统媒体和新兴媒体的不断融合,主动适应互联网新媒体的特点和规律,实现传统媒体与新媒体的本质互补,运用新媒体传播优势,实现网络育人的全方位发展。在全媒融合的新形势下,高校媒体要注重受众用户体验、自由平等传播、自我价值实现,坚持创新性思维、主体思维、互动性思维、跨界性思维、系统性思维,以互联网为基础,借助校园传统媒体和新兴媒体主动探索不同类型高校媒体融合的规律,因地制宜、因时制宜,从内容、形式到平台等方面进行全面改革创新,实现平台、渠道、资源的互补,推动网络育人领域媒体相互融合、全方位发展,为高校师生提供更加优质高效的信息服务和精神文化产品。

加强媒体融合。目前很多高校都开展了媒体融合的相关实践。河海大学加强与社会权威新媒体平台的合作,加快推动传统媒体与新媒体融合,朝着立体化、精准性传播的目标迈进。清华大学促进校园传统媒体和新媒体的有机融合,校报《新清华》、清华电视台等传统媒体积极适应互联网时代要求,开设微博、微信和手机客户端等新媒体账号,实现全媒体传播。北京大学统筹协调校内外相关优秀互联网企业和教育企业资源,促进优质网络教育资源向全社会开放共享,建设优秀网络作品传播分享交流的网络社群专区,激发网络正能量。上海交通大学依托各学院有较高学术造诣的教授专家担任特聘研究员,设立环境、财经、教育、文化等多个专题舆情观察室,带动相关专业师生团队,就舆情热点及时创作适合在网络、论坛、微博、微信等平台进行传播的软文和微评论。中山大学借助传播与设计学院力量,由传播与设计学院教师带领学院相关专业的在校学生共同推动网络育人建设,通过机制上的创新,有效突破宣传部人手不足的瓶颈,也让相关专业的师生有一个极好地培养能力、锻炼自己水平的平台。这些实践都为更好地推进网络育人提供了有力的支撑。

促进网络育人的内化。新媒体新技术的运用可以促使网络育人有效内化,这种内化效应直接体现在运用新媒体新技术提升工作的亲和力和针对性上,具体表现在三个方面:一是内化的外在表现,即通过图像、音乐、视频、直播等多种方式,使内化过程鲜活起来;二是内化的内在逻辑,融媒体下内化推进的逻辑更加符合学生信息获取的思维习惯,融媒体有助于思想政治内容量上的极大扩充,以及教育方式上的非线性和可视化,实现内化逻辑与网民网络化信息实践方式一致;三是内化的效度,融媒体和新兴信息技术增强了思想政治教育内容的力度、信度,利用大数据技术的全样本特征能有效地增强网络育人教学的说服力,有针对性地满足大学生成长发展的需求和期待。

二、打造全媒体"中央厨房"

近年来,我国主流媒体在打造"中央厨房"全媒体中心方面取得了诸多的成绩,积累了一些成功经验,已经成为媒体融合发展的标杆和典范。但由于受多种因素影响,当前有些主流媒体"中央厨房"也存在着管理体制不完善、运行机制不健全、资源浪费等问题,阻碍了主流媒体改革和转型的进程,亟须通过体制创新加以解决。校园媒体是高校思想政治教育工作的重要载体,在全媒融合的大背景下,高校要紧跟时代步伐,与时俱进,开拓创新,积极借鉴"中央厨房"的建设经验,推动高校融媒体、智媒体建设模式创新,努力打造具有高校特色的全媒体"中央厨房",优化提升校园媒体的管理模式。

要充分重视全媒体"中央厨房"建设的重要意义。高校要充分认识到打造全媒体"中央厨房"的重要意义,这是新时代的要求,更是当前数字化时代校园媒体发展的必由之路。要由校党委统一领导,由校党委组织部牵头,对校内的媒体资源进行统一整合、统一谋划、统一部署,突破原有各自为政的条块分割模式,对校园媒体体系进行重构,对原有的传统采编部、编辑部、策划部、推广部等部门进行交叉融合和功能重组,组建由校报、校广播、校电视、官网、"两微一端"等校园官方媒体和学生会、社团的媒体平台构成的校园媒体联盟,统一进行新闻的策划、采集、编辑、推广。要建立融媒体、智媒体中心,将官方媒体作为高校和师生的主阵地,打造各具特色的媒体平台,使校园传统媒体与新媒体各部门协同配合,实现全校媒体平台的最大融合。

结合大学生特点,通过持续优化网络环境,掌握网络育人指导的主动权,提高指导有效性。当前,我国高校的网络育人工作取得了一定成效,但也存在一些问题,需要进一步发挥高校网络育人的引领作用,努力推动大学生健康成长成才。具体来说,在加强校园网络制度化建设的同时,要精心打造主题校园、网思想政治教育品牌,发挥网络的引领和示范作用,积极探索高校思想政治教育的内在规律和发展趋势,丰富和创新互联网新时代思想政治教育的方式方法,充分调动学生不断学习、完善自我的主观能动性。在推动实现高校网络育人工作的过程中,要充分发挥教育者、家庭、社会自身的作用,形成多角度、多方面的合力,提高网络育人的实效性。充分发挥网络对学生价值观形成的显著和潜移默化的引导作用,最终实现立德树人根本任务,推动高校网络育人任务落到实处。

三、创新传播内容

在多种媒体共存、竞争的今天,"内容为王"依然是一条不变的准则,内容仍然是媒体和平台之间竞争的核心,媒体只有不断地创新和改进自身的传播内容才能够获得更多的市场份额,才能更好地发挥传播的作用。新闻采编工作是新闻报道最基本的环节。高校媒体面临社会专业媒体的竞争,要想增强自身对大学生群体的吸引力,就要坚持"内容为王",不断创新传播内容,有效整合相关信息渠道,打造高校媒体特色品牌。

一是加强资源整合。在自媒体时代,新媒体的互动性、体验感更强,用户更重视体验感觉,传播内容更需要以体验感为导向,避免重复说教。媒体平台积极进行资源整合,加强顶层的统筹设计,避免条块分化,推动各媒体部门积极联动,实现新闻的统一采编、统一设计、统一宣传。要积极推进各校园媒体、社团、组织进行差异化定位,发挥独特优势,培养核心能力,加强协同配合,根据学科、专业、文化的优势特点,从不同视角灵活报道,结合本部门、本社团的专业特色和优势内容,打造符合自身特点的新闻产品。要强化媒体编辑队伍建设,打造一支具有较高政治理论水平和业务能力,并具备一定组织领导及协调管理能力的复合型媒体传播人才团队,在节约时间、金钱等成本的同时,扩大媒体宣传效应,实现传播内容的多维度多渠道呈现。

二是充分利用校外资源。充分发挥学校党委领导作用和学生主体作用,做好校园内部宣传工作的同时,要大胆走出校园、走向社会,加强与各大高校校园媒体的交流沟通,组建高校新媒体联盟、高校与社会新媒体联盟等校际、校外互动媒体联盟,汇聚高校媒体力量,开展校际、校外新闻合作报道,提升媒体报道影响力和传播力,构建多元主体协同共治格局,形成合力推进网络育人工作顺利开展。通过长期合作,实现信息资源的优化共享,相互学习借鉴新闻媒体制作报道的经验,查漏补缺①,及时补齐短板,进一步实现信息的整合运用,拓宽网络育人的发展空间。

四、构建宣传矩阵

随着融媒体、智媒体的到来,"大思政"工作格局对如何充分发挥宣传工作在网络育人中的作用提出了新要求。在此背景下,如何做好大学生网络育人的宣传工作,是摆在每一位教育工作者面前亟待解决的重要课题之一。目前我国高校正处于全面深化改革和转型升级的关键时期,面临巨大挑战和机遇。过去,有的高校媒体在宣传工作中各自为政,在内容、方式等的设计上要么简单雷同不作区分,要么互不沟通,各媒体条块化也制约了媒体思想政治功能的充分发挥。在融媒体、智媒体的冲击下,高校媒体的宣传工作必须不断进行创新和拓展,推动各分散的校园新媒体、传统媒体从独立、并行走向融合发展,与高校其他平台育人深度结合,

---

① 陈千云,冉君陵.高校传媒类专业大学生网络思想政治工作困境与突破[J].传媒,2021(11):86-88.

打造全新的宣传矩阵。

首先,必须搭建主旋律平台。新时代选择新媒体平台非常重要,要坚持社会主义核心价值观,积极发展新媒体平台并改进新媒体矩阵结构,搭建宣传主旋律的主流媒体平台,高校应根据形势变化实时了解学生上网行为,传播正能量凝聚共识,让马克思主义在大学生心中生根发芽。要发挥高校宣传舆论主渠道作用,注意发挥传统媒体和新媒体各自的优势,充分推进两者融合形成新兴融媒体,使各种媒体相互协同,共同促进校园文化建设发展,增强学生对社会主义核心价值观的认同感。

其次,必须充分利用自媒体。现在媒体发展已经进入自媒体时代,大学生利用微博、微信、手机等,每个人都可以轻松成为"发言人"。作为自媒体,微信、微博拓展了高校网络文化育人的新方式,官方微博、微信公众号的设立对大学生的影响很大,微博和微信的评论、转贴等功能很容易引起学生互动。微博具有互动性强、传播速度快、信息量大等特点;微信拥有庞大的用户群体,且其更新速度很快,更便于进行即时交流与沟通;新闻客户端可以随时随地发送文字、图片、语音及影像;小视频内容短小生动,具有很强的视觉冲击力,可以吸引学生的注意力。高校要进一步解放思想、与时俱进,积极推进微信、微博、新闻客户端等媒体与传统报纸、广播等媒体的融合,积极开发相关的移动平台和移动应用,利用移动平台、移动应用传播学生学习、生活、实践等方面的有用信息,使高校网络育人呈现形式更加多样化,师生互动更加友好频繁,拓展网络育人新途径,解决大学生教育和学生思想政治方面的关切问题。

最后,必须创新传播渠道。移动互联网越来越受到高校学生的欢迎和热捧,大学生非常喜欢通过"两微一端"、直播、短视频等新媒体平台,在互联互通的环境下进行交流和学习。针对互联网时代大学生群体的特征,要充分利用好各种移动互联工具,如智能手机和平板电脑等,以及移动互联网、大数据、人工智能等新兴信息技术的优势,加强对学生的信息素养培养,提高其利用网络资源开展自主学习和自我管理的能力,将短视频、微课堂等多种创新方式相结合,将思想政治理论的系统知识转化为生动、形象的知识点,不断拓展学生的知识面,点面结合,构建完整知识体系,深入解读宣传社会主义核心价值观的内涵,不断创新和完善网络育人体系。同时,还要重视移动互联网技术运用过程中存在的问题,不断在新媒体环境下拓宽知识传播的渠道,为学生提供交流学习平台,及时监测和解决问题,引导学生树立正确的价值导向,更好地完成教书育人的根本任务。

参考文献

[1] 阿尔伯特·班杜拉.思想和行为的社会基础——社会认知论[M].林颖,等译.上海:华东师范大学出版社,2001.

[2] 阿历克西·德·托克维尔.论美国的民主[M].江菲菲,译,南京:译林出版社,2012.

[3] 阿诺德·盖伦.技术时代的人类心灵[M].何兆武,译.上海:上海科技教育出版社,2008.

[4] 艾四林,吴潜涛.高校马克思主义理论学科发展报告(2016)[M].北京:高等教育出版社,2017.

[5] 安维复.人工智能的社会后果及其思想治理——沿着马克思的思路[J].思想理论教育,2017(11):23-27.

[6] 柏拉图.柏拉图文艺对话集[M].朱光潜,译.重庆:重庆出版社,2016.

[7] 布林顿.西方近代思想史[M].上海:华东师范大学出版社,2005.

[8] 车文博.当代西方心理学新词典[M].长春:吉林人民出版社,1988.

[9] 车文博.弗洛伊德主义原理选辑[M].沈阳:辽宁人民出版社,1988.

[10] 陈宝生.切实推进高校思想政治工作创新发展[N].光明日报,2017-08-04.

[11] 陈秉公.思想政治教育本质研究现状及建议[J].思想教育研究,2014(6):6-12.

[12] 陈华洲.思想政治教育方法论[M].武汉:华中师范大学出版社，
    2010.

[13] 陈金赛.论高校网络思想政治教育的未来转向[J].中国青年社会科
    学,2018(5):80-87.

[14] 陈立思.比较思想政治教育[M].北京:人民大学出版社,2011.

[15] 陈万柏,张耀灿.思想政治教育学原理[M].北京:高等教育出版
    社,2015.

[16] 戴钢书.高校思想政治理论课教学跨学科研究方法论[M].北京:中
    国人民大学出版社,2017.

[17] 戴钢书.高校思想政治理论课实践教学论[M].北京:人民出版
    社,2015.

[18] 戴维·迈尔斯.社会心理学[M].张智勇,乐国安,侯玉波,等译.北
    京:人民邮电出版社,2013.

[19] 丹·希勒.数字资本主义[M].杨立平,译.南昌:江西人民出版社,
    2001.

[20] 丁芳,熊哲宏.智慧的发生——皮亚杰学派心理学[M].济南:山东
    教育出版社,2009.

[21] 丁科,胡树祥.网络自我互动:网络思想政治教育主体间性的新话题
    [J].中共福建省委党校学报,2013(4):111-116.

[22] 费孝通.乡土中国[M].北京:人民出版社,2008.

[23] 冯刚.创新网络思想政治教育的几点思考[J].学校党建与思想教
    育,2014(5):4-6.

[24] 冯刚.习近平关于大学生思想政治教育论述的理论蕴涵[J].重庆大
    学学报(社会科学版),2018(4):170-180.

[25] 冯刚.新时代中国特色社会主义思想政治教育的创新发展[J].中国
    高等教育,2018(Z1):28-32.

[26] 冯友兰.中国哲学简史[M].北京:北京大学出版社,2013.

[27] 弗洛伊德.精神分析引论新编[M].高觉敷,译.北京:商务印书馆,

1987.

[28] 富旭.网络社群环境下思想政治教育模式的构建[J].思想理论教育,2017(7):79-82.

[29] 高地.西方学者中国思想政治教育研究述评[J].马克思主义研究,2016(10):145-152.

[30] 高顺文.大学生思想政治教育内化的途径探索[J].湖北教育,2010(6):37-39.

[31] 高宇,胡树祥.微视频 APP:网络思想政治教育的新场域——基于"快手正能量"的大数据分析与思考[J].思想教育研究,2017(12):100-105.

[32] 葛道凯,张少刚,魏顺平.教育数据挖掘:方法与应用[M].北京:教育科学出版社,2012.

[33] 顾钰民.思想政治教育主客体研究的再追问[J].思想理论教育,2015(5):53-56.

[34] 管磊.网络思想政治教育构建的原则与方法[J].南京政治学院学报,2003(5):93-95.

[35] 何海兵,向德彩.论人民的理想与社会主义核心价值观的内化[J].社会主义研究,2016(6):56-61.

[36] 何明升.中国网络治理的定位及现实路径[J].中国社会科学,2016(7):112-119.

[37] 何哲.网络社会治理的若干关键理论问题及治理策略[J].理论与改革,2013(3):108-111.

[38] 贺来."主体性"的当代哲学视域[M].北京:北京师范大学出版社,2013.

[39] 赫伯特·马尔库塞.单向度的人[M].刘继,译.上海:上海译文出版社,2008.

[40] 胡凯.思想政治教育心理学研究[M].长沙:湖南人民出版社,2009.

[41] 胡林英.道德内化论[M].北京:社会科学文献出版社,2007.

[42] 胡钰.论马克思主义新闻观的时代内涵[J].思想教育研究,2016(3):26-30.

[43] 胡树祥,高宇.网络思想政治教育研究现状的大数据分析与思考[J].思想理论教育导刊,2016(7):103-113.

[44] 怀特海.教育的目的[M].北京:生活·读书·新知三联书店,2002.

[45] 黄红,胡成广,叶树红.论思想政治教育进网络工作的操作方法[J].教学与研究,2001(11):69-71.

[46] 黄世虎,陈荣明.试论思想政治教育过程中的内化机制[J].理论月刊,2001(3):16-17.

[47] 黄英燕,陈宗章.网络思想政治教育主体的主体性[J].重庆邮电大学学报(社会科学版),2017(9):61-66.

[48]《加强和改进新形势下网络思想政治教育十谈》编写组.加强和改进新形势下网络思想政治教育十谈[M].北京:人民出版社,2017.

[49] 姜国峰.网络思想政治教育理想模式的构建研究[M].昆明:云南大学出版社,2009.

[50] 姜进章.知识创新:新媒体时代的视角[M].上海:上海交通大学出版社,2011.

[51] 教育部思想政治工作司,冯刚.大学生思想政治教育创新案例选编[M].北京:高等教育出版社,2013.

[52] 科尔伯格.道德教育的哲学[M].魏贤超,柯森,译.杭州:浙江教育出版社,2000.

[53] 科纳斯,詹姆斯.内化[M].王丽颖,译.北京:北京大学医学出版社,2007.

[54] 乐国安,韩振华.认知心理学[M].天津:南开大学出版社,2011.

[55] 李爱民,张晓明,黄贝娜.有效性:思想政治教育对网络的期待与实现——对当代高校思想政治教育进网络情况的调查分析[J].学校党建与思想教育,2003(3):46-48.

[56] 李德福.高校开展网络思想政治教育的困难及对策研究[J].思想教

育研究,2014(1):61-63.

［57］李德顺.价值论［M］.北京:中国人民大学出版社,2013.

［58］李辉.新时代与思想政治教育新定位［J］.马克思主义理论学科研究,2018(4):126-138.

［59］李良荣.网络与新媒体概论［M］.北京:高等教育出版社,2014.

［60］李泽厚.中国近代思想史论［M］.北京:生活·读书·新知三联书店,2008.

［61］梁剑非.论新时期高校网络思想政治教育存在的问题与对策路径［J］.经济研究导刊,2012(9):264-266.

［62］廖启云.社会主义核心价值观内化机制的系统构建［J］.系统科学学报,2018(3):36-42.

［63］林聪.思想政治教育中价值倾向性的正当性论析——一个比较的视角［J］.理论与改革,2018(2):181-188.

［64］刘建军.论高校思想政治工作的育人格局［J］.思想理论教育,2017(3):15-20.

［65］刘建军.守望信仰［M］.北京:人民出版社,2013.

［66］刘清堂,毛刚.智能教学技术的发展与展望［J］.中国电化教育,2016(6):8-15.

［67］刘新庚,现代思想政治教育方法论［M］.北京:中国社会科学出版社,2008.

［68］柳海民.现代教育学原理导论［M］.北京:清华大学出版社,2013.

［69］鲁洁等.德育新论［M］.南京:江苏教育出版社,2004.

［70］陆有钱.皮亚杰理论与道德教育［M］.北京:北京大学出版社,2012.

［71］罗国杰.伦理学［M］.北京:人民出版社,2014.

［72］罗洪铁,董娅.思想政治教育原理与方法基础理论研究［M］.北京:人民出版社,2005.

［73］罗青.新媒体传播［M］.北京:中国传媒大学出版社,2011.

［74］骆郁廷.论大学生思想政治教育的网络文化话语权［J］.教学与研

究,2012(10):74-81.

[75] 骆郁廷.思想政治教育引论[M].北京:中国人民大学出版社,2018.

[76] 骆郁廷.吸引、判断、选择:网络思想政治教育的关键词[J].马克思主义研究,2016(11):120-131.

[77] 骆郁廷.论网络思想政治教育的主体与客体[J].马克思主义与现实,2016(03):1-7.

[78] 吕丹.疏导方法在网络思想政治教育中的运用[J].南京邮电大学学报(社会科学版),2014(1):113-117.

[79] 马可,梅元媛,大学生网络骨干培育的途径探索[J],理论导报,2013(3):53-55.

[80] 马雪梅,赖玉萍.习近平全国高校思想政治工作会议讲话精神的当代启示[J].毛泽东思想研究,2018(3):145-149.

[81] 曼纽尔·卡斯特.网络社会的崛起[M].夏铸九,等译,北京:社会科学文献出版社,2006.

[82] 曼纽尔·卡斯特.千年终结[M].夏铸九,等译.北京:社会科学文献出版社,2006.

[83] 尼古拉斯·盖恩,戴维·比尔.新媒介:关键概念[M].刘君,周竞男,译.上海:复旦大学出版社,2015.

[84] 欧阳文珍.品德心理学[M].合肥:安徽大学出版社,2005.

[85] 彭柏林.从规律的视角看道德内化[J].湖南师范大学社会科学学报,2004(6):19-23.

[86] 彭兰.网络传播学[M].北京:中国人民大学出版社,2009.

[87] 秦殿启.信息素养论[M].南京:南京大学出版社,2012.

[88] 邱柏生.试解读我国社会主要矛盾的具体内涵和特征[J].思想理论教育导刊,2018(2):4-9.

[89] 邱吉.道德内化论[M].北京:民族出版社,2004.

[90] 邱伟光.课程思政的价值意蕴与生成路径[J].思想理论教育,2017(7):10-14.

［91］任平.交往实践与主体际［M］.苏州:苏州大学出版社,2002.

［92］佘双好,李秀.论中华传统文化的"精神基因"［J］.新疆师范大学学报(哲学社会科学版),2015(4):51-56,2.

［93］沈壮海,董祥宾.论新时代高校思想政治工作质量的提升［J］.思想理论教育,2018(8):11-15,101.

［94］沈壮海,史君.推动思想政治教育与信息技术的高度融合［J］.国家教育行政学院学报,2017(1):15-21.

［95］沈壮海,肖洋.2016年度大学生思想政治状况调查分析［J］.思想理论教育导刊,2017(1):108-113.

［96］沈壮海.思想政治教育的文化视野［M］.北京:人民出版社,2005.

［97］沈壮海.思想政治教育有效性研究［M］.武汉:武汉大学出版社,2016.

［98］沈壮海.文化软实力及其价值之轴［M］.北京:中华书局,2013.

［99］施拉姆.传播学概论［M］.北京:北京大学出版社,2007.

［100］时蓉华,李凌.现代社会心理学［M］.上海:华东师范大学出版社,2013.

［101］宋广军."大数据"时代构建高校思想政治教育网络平台的可行性分析［J］.思想政治教育研究,2018(2):155-157.

［102］宋元林.论网络思想政治教育方法的特征、类型及其优化［J］.重庆大学学报,2010(3):150-154.

［103］宋元林.网络思想政治教育方法体系的构建［J］.思想政治工作研究,2009(2):26-28.

［104］苏令银.主体间性视域思想政治教育研究［M］.上海:上海三联书店,2012.

［105］孙其昂.思想政治教育新格局与学科建设［J］.马克思主义理论学科研究,2016(1):159-166.

［106］孙其昂.思想政治教育学前沿研究［M］.北京:人民出版社,2013.

［107］孙正聿.马克思主义基础理论研究［M］.北京:北京师范大学出版

社,2011.

[108] 檀江林.高校网络思想政治教育研究[M].合肥:合肥工业大学出版社,2007.

[109] 汤跃明.虚拟现实技术在教育中的应用[M].北京:科学出版社,2007.

[110] 唐登雲,吴满意.网络思想政治教育研究:历程、问题与转向[J].思想理论教育,2017(1):76-81.

[111] 唐登雲,吴满意.网民问题:网络社会治理的切入点[J].求实,2017(9):56-68.

[112] 唐登雲,吴满意.新时代高校思想政治教育内化的价值、逻辑与改进[J].思想教育研究,2018(8):95-100.

[113] 唐亚阳.网络思想政治教育学[M].北京:人民出版社,2016.

[114] 涂子沛.大数据[M].桂林:广西师范大学出版社,2014.

[115] 涂子沛.数据之巅:大数据革命,历史、现实与未来[M].北京:中信出版社,2014.

[116] 托马斯·库恩.科学革命的结构[M].金吾伦,胡新和,译.北京:北京大学出版社,2012.

[117] 万峰.网络文化的内涵的特征分析[J].教育学术月刊,2015(4):61-63.

[118] 万美容,思想政治教育方法发展研究[M].北京:中国社会科学出版社,2007.

[119] 王晨,刘男.互联网＋教育:移动互联网时代的教育大变革[M].北京:中国经济出版社,2015.

[120] 王登峰.互联网与高校思想政治工作:机遇、挑战、创新[J].思想理论教育导刊,2001(2):29-30.

[121] 王虹.新媒体时代高校思想政治教育创新研究[M].北京:中国社会科学出版社,2012.

[122] 王仕民.思想政治教育心理学概论[M].广州:中山大学出版社,

2015.

[123] 王树荫.深化中国共产党思想政治教育百年历史与经验研究[J].东北师大学报(哲学社会科学版),2018(9):24-29.

[124] 王树荫.中国共产党思想政治教育史[M].北京:高等教育出版社,2016.

[125] 王学风,戴黍.论高校网络思想政治教育的基本方式[J].湖北社会科学,2005(12):161-163.

[126] 王学俭,冯东东.大学生网络思想政治教育:价值·挑战·保障[J].思想教育研究,2017(5):90-93.

[127] 王学俭,顾超.信息社会条件下思想政治教育发展研究[J].安徽师范大学学报(人文社会科学版),2018(5):13-18.

[128] 王学俭.现代思想政治教育前沿问题研究[M].北京:人民出版社,2008.

[129] 王学俭.新媒体与高校思想政治教育研究[M].北京:人民出版社,2012.

[130] 王鹰.网络时代背景下高校思想政治教育挑战和对策[J].中国教育学刊,2016(2):356.

[131] 王子晖.顺势、应时、识变——习近平部署建设网络强国[EB/OL].(2016-10-11)[2020-06-10].http//www.xinhuanet.com/politics/2016-10/11/c_1119690763.html.

[132] 威尔·金里卡.当代政治哲学[M].刘莘,译.上海:上海译文出版社,2015.

[133] 威廉姆·戴维德.过度互联:互联网的奇迹与威胁[M].李利军,译.北京:中信出版社,2012.

[134] 韦吉锋.网络思想政治教育研究[M].北京:新华出版社,2005.

[135] 维克多迈尔·舍恩伯格.大数据时代[M].盛阳燕,周涛,译.杭州:浙江人民出版社,2013.

[136] 温海霞,燕连福.试析思想政治教育亲和力的生成及提升路径[J].

思想教育研究,2017(9):8-12.

[137] 吴满意,廖子夏.网络人际互动研究的理论基础与概念解析[J].社会科学研究,2012(6):113-118.

[138] 吴满意.大学生社会实践活动的新形式——虚拟社会实践[J].理论与改革,2010(2):122-124.

[139] 吴满意.高校网络思想政治教育学研究[M].成都:电子科技大学出版社,2006.

[140] 吴满意.论高校网络思想政治教育的内化与外化[J].理论与改革,2006(5):148-150.

[141] 吴满意.论网络思想政治教育过程的基本特征[J].毛泽东思想研究,2012(4):86-91.

[142] 吴满意.网络人际互动——网络实践的社会视野[M].北京:人民出版社,2015.

[143] 吴媛媛.高校网络思想政治教育存在的问题及对策[J].教育探索,2014(3):125-127.

[144] 吴倬,张瑜.论高校网络德育工作的几个基本原则与方法[J].思想教育研究,2009(1):8-12.

[145] 夏红辉,王强.高校网络思想政治教育的现状及对策研究[J].兰州交通大学学报,2008(2):132-135.

[146] 肖峰.网络与实在性[J].中国青年政治学院学报,2005(2):102-109.

[147] 肖峰.信息时代认识论研究的新走向[N].光明日报,2016-12-08(16).

[148] 肖巍.当代中国马克思主义研究与传播的方法[J].马克思主义研究,2009(10):65-70.

[149] 谢海光.互联网与思想政治工作概论[M].上海:复旦大学出版社,2000.

[150] 谢海光.思想政治工作网站创新[M].上海:复旦大学出版社,

2006.

[151] 谢海光.运用因特网拓展思想政治工作的空间和渠道[J].教学与研究,2001(8):42-44.

[152] 谢玉进,曹银忠.研究领域抑或学科:我国网络思想政治教育定位的再思考[J].创新,2010(2):85-89.

[153] 谢玉进,胡树祥.网络人机互动——网络实践的技术视野[M].北京:人民出版社,2013.

[154] 谢玉进,吕雪飞.论网络思想政治教育内容拓展[J].继续教育研究,2017(5):88-91.

[155] 谢玉进.网络思想政治教育研究的现状与新走向[J].思想理论教育导刊,2010(1):92-98.

[156] 休谟.人性论[M].关文运,译.北京:商务印书馆,2016.

[157] 徐建军.大学生网络思想政治教育理论与方法[M].北京:人民出版社,2010.

[158] 徐志远.现代思想政治教育学范畴研究[M].北京:人民出版社,2009.

[159] 雪梨·特克尔.群体性孤独:为什么我们对科技期待更多,对彼此却不能更亲密[M].高俊山,译.杭州:浙江人民出版社,2014.

[160] 亚里士多德.尼各马可伦理学[M].廖中白,注.北京:商务印书馆,2003.

[161] 闫志明,唐夏夏,等.教育人工智能(EAD)的内涵、关键技术与应用趋势[J].远程教育杂志,2017(6):23-29.

[162] 杨清.习近平关于青年教育重要论述研究[D].南昌:南昌大学,2020.

[163] 杨鲜兰.论思想政治教育的内化机制[J].湖北大学学报(哲学社会科学版),2004(2):226-229.

[164] 杨晓慧.习近平青年价值观教育思想论要[J].马克思主义研究,2017(11):124-133.

[165] 杨永志.互联网条件下维护我国意识形态安全研究[M].天津:南开大学出版社,2015.

[166] 杨直凡,胡树祥.二十年来网络思想政治教育内化的发展历程[J].思想教育研究,2015(4):70-73.

[167] 杨直凡,胡树祥.网络思想政治教育方法的构建与创新[J].思想政治教育研究,2007(7):35-39.

[168] 姚建东.信息素养教育[M].北京:清华大学出版社,2009.

[169] 伊曼努尔·康德.道德形而上学原理[M].苗力田,译.上海:上海人民出版社,2018.

[170] 余明华,冯翔.人工智能视域下机器学习的教育应用与创新探索[J].远程教育杂志,2017,35(3):11-21.

[171] 余明远.虚拟空间的现实投射——网络环境下大学生价值观的负向嬗变及应对[J].社会科学论坛,2010(5):139-143.

[172] 喻永均.关于思想政治理论课实践教学网络化的思考[J].教育探索,2013(10):118-120.

[173] 袁贵仁.马克思主义人学理论研究[M].北京:北京师范大学出版社,2013.

[174] 袁利民.网络舆论危机的分析把握与管理引导研究[J].思想理论教育,2006(21):15-18.

[175] 约翰·洛克.教育漫话[M].徐大建,译.上海:上海人民出版社,2011.

[176] 曾令辉.网络思想政治教育方法研究——论网络思想政治教育方法内涵及其体系构建[J].广西师范学院学报,2011(2):85-88.

[177] 曾令辉.新媒体环境下思想政治教育主客体关系问题研究[J].学校党建与思想教育,2015(7):102-109.

[178] 曾令辉.虚拟社会人的全面发展[M].北京:中国社会科学出版社,2009.

[179] 曾泽民."内化"原理在企业思想政治工作中的作用[J].求实,2008

（2）:188-189.

[180] 张大均,等.教育心理学[M].北京:人民教育出版社,2015.

[181] 张东.互联网微内容对我国社会转型的作用与影响研究[J].理论探索,2016(1):33-39.

[182] 张静波.略论网络环境下大学生自我教育能力的培养[J].思想理论教育导刊,2017(12):139-141.

[183] 张凯,张澍军.新起点新定位新征程:迈向新时代的思想政治教育建设之路[J].思想教育研究,2018(4):13-17.

[184] 张世欣.思想教育规律论[M].杭州:浙江大学出版社,2008.

[185] 张耀灿,等.现代思想政治教育学[M].北京:人民出版社,2006.

[186] 张耀灿.思想政治教育学科建设存在的若干问题[J].思想理论教育,2015(5):48-52.

[187] 张耀灿.推进思想政治教育学科创新发展的若干思考[J].思想理论教育,2016(7):62-65.

[188] 张耀灿.中国共产党思想政治教育史论[M].北京:高等教育出版社,2006.

[189] 张一兵.当代国外马克思主义哲学思潮[M].南京:江苏人民出版社,2012.

[190] 张云.思想政治教育心理学[M].上海:上海人民出版社,2001.

[191] 张再兴.网络思想政治教育研究[M].北京:经济科学出版社,2009.

[192] 张治国.新媒体视域下高校网络思想政治教育的实践与思考[J].思想理论教育导刊,2016(11):149-152.

[193] 赵付科,季正聚.新世纪以来马克思主义在中国早期传播史研究述评[J].教学与研究,2013(2):77-81.

[194] 赵继伟.马克思主义意识形态接受论[M].武汉:武汉大学出版社,2009.

[195] 赵康太,李英华.中国传统思想政治教育理论史[M].武汉:华中师

范大学出版社,2006.

[196] 赵为粮,游敏慧.思想政治工作进网络创新技法研究[M].重庆:重庆出版集团,2006.

[197] 赵兴龙.翻转课堂中知识内化过程及教学模式设计[J].现代远程教育研究,2014(3):55-61.

[198] 郑永廷,骆郁廷,胡树祥.思想政治教育方法论[M].北京:高等教育出版社,2010.

[199] 郑永廷.思想政治教育学原理[M].北京:高等教育出版社,2016.

[200] 郑元凯.当代大学生公正观及其教育研究[D].福州:福建师范大学,2019.

[201] 中共中央马克思恩格斯列宁大林著作编译局.列宁专题文集:论无产阶级政党[M].北京:人民出版社,2009.

[202] 中共中央马克思恩格斯列宁斯大林著作编译局.列宁专题文集:论辩证唯物主义和历史唯物主义[M].北京:人民出版社,2009.

[203] 周德全,李朝鲜.大学生网络思想政治教育模式特点研究[J].思想教育研究,2008(9):34-37.

[204] 周中之,石书臣.现代思想政治教育理论与实践探微[M].北京:人民出版社,2009.

[205] Jeno L M,Vandvik V,Eliassen S,Grytnes J A. Testing the novelty effect of an m-learning tool on internalization and achievement:A self-determination theory approach[J]. Computers and Education, 2018 (128):398-413.

[206] Murimi M. Is internalization an end initself or a means to an end? [J]. Journal of Nutrition Education and Behavior, 2018(9): 853-854.

[207] Nichols T E,Damiano S R,Gregg K. Psychological predictors of body image attitudes and concerns in young children[J]. Body Image,2018(27):10-20.